犯罪心理画像

许大鹏（知名心理作家）◎著
京师心智（专业心理教育机构）◎组编

台海出版社

图书在版编目（CIP）数据

犯罪心理画像 / 许大鹏著 . -- 北京 : 台海出版社，2018.5（2024.3 重印）
ISBN 978-7-5168-1827-5

Ⅰ . ①犯…　Ⅱ . ①许…　Ⅲ . ①犯罪心理学　Ⅳ . ① D917.2

中国版本图书馆 CIP 数据核字（2018）第 072381 号

犯罪心理画像

著　　者：许大鹏

责任编辑：高惠娟　赵旭雯
责任印制：蔡　旭

出版发行：台海出版社
地　　址：北京市东城区景山东街 20 号　　邮政编码：100009
电　　话：010 － 64041652（发行，邮购）
传　　真：010 － 84045799（总编室）
网　　址：www.taimeng.org.cn/thcbs/default.htm
E － mail：thcbs@126.com

印　　刷：三河市嘉科万达彩色印刷有限公司
开　　本：710 毫米 ×1000 毫米　1/16
字　　数：178 千字
印　　张：14.25
版　　次：2018 年 5 月第 1 版
印　　次：2024 年 3 月第 2 次印刷
书　　号：ISBN 978-7-5168-1827-5
定　　价：59.80 元

前 言

“犯罪”是一个经常出现在人类生活中的词语，也是一直伴随着人类社会的一种丑恶现象。从古至今，世界各地都设有专门侦查处理罪案的部门或机构，这些部门存在的目的就是减少犯罪、遏制犯罪。但从另一个角度来讲，凶手和他们所犯的凶案也是人们茶余饭后的一个谈资。

到了近现代，社会生产力飞速发展，人与人、人与世界之间的距离不断拉近，社会进入了一个高速发展的新时期，而犯罪史也翻开了新的篇章。“连环杀手”这个词就是在这个时候出现在人们视野中的，这些丧失了人性的残忍暴徒连续不断地犯下惊天大案，使得各国警方疲于奔命，罪案的侦破比率也直线下降。

为了能够将连环杀手彻底清除，各国的司法部门先后成立了侦办连环杀人案或特大凶杀案的专业机构，这些机构都会有意识地搜集与连环杀手有关的档案，从这些档案中归纳连环杀手的杀人模式，找出杀手们的共性，有目的地预防连环杀手及连环凶案的出现。也就是在对这些凶案的研究过程中，犯罪心理画像技术应运而生了。

可以说，犯罪心理画像专家是应对连环杀手的强有力武器，他们可以通过研究连环杀手遗留在案发现场的蛛丝马迹来找出连环凶杀案之间的联系及共性，通过这些凶案的共性推理，预测出最可能作案的嫌疑人，这样一来警方的调查范围就会大大缩小，案件的侦破进度也会大幅加速，在使用最少资源、最短时间的情况下将作案真凶抓获。

一般情况下，普通的警察是很难理解连环杀手的作案心理及作案动机的，更何况连环杀手在连续作案的过程中还会不断改良作案手法，使得各起凶案之间的联系变得越发微妙。如果警方不能洞悉其中的奥妙，那他们就会将这些看似不同的凶案当成单独的个案来处理，这样一来，警方手中的线索就会越来越少，花费的时间、精力也会越来越多，也就无法将连环杀手顺利抓获了。

犯罪心理画像专家就是从事连环杀手及特大凶杀案研究的专业人员，他们可以准确地判断哪些案子是连环杀手所做，哪些只是普通的凶案，专家们还可以通过杀手在作案时留下的细微线索判断出凶手的种族、年龄、体格、职业、性别、受教育程度等特征，并掌握连环杀手的喜好，推算出杀手作案的频率，让警方逐渐掌握先机，洞察杀手的真实意图，最终将真凶逮捕归案。

本书在写作过程中参考了《犯罪调查》《罪案侦缉》《天生杀手》《连环杀手犯罪心理》《真实犯罪现场调查》等视频栏目内容，希望对书中案例做进一步了解的读者可以观看以上栏目。

目　录

第一章　老奶奶杀手　/ 001

【背景知识】　/ 016

什么是犯罪心理画像　/ 016

第二章　魔鬼屠夫　/ 019

【背景知识】　/ 030

犯罪心理画像的起源及应用　/ 030

第三章　流窜型连环杀手　/ 031

【背景知识】　/ 043

组织型个性和无组织型个性　/ 043

第四章　背包客杀人狂　/ 045

【背景知识】　/ 056

寻找犯罪特征　/ 056

第五章　死亡三角杀手　/ 059

【背景知识】　/ 069

性变态杀人犯　/ 069

第六章　扑朔迷离的枪击案 / 071
【背景知识】 / 078
勘查犯罪现场 / 078

第七章　“疯子”杀手 / 079
【背景知识】 / 092
重回凶案现场 / 092

第八章　诱杀儿童的食人魔 / 093
【背景知识】 / 102
犯罪心理之语言学 / 102

第九章　手推车杀手 / 103
【背景知识】 / 114
系列性强奸犯的犯罪心理画像 / 114

第十章　格里诺灭门惨案 / 115
【背景知识】 / 124
罪犯的主要分类 / 124

第十一章　女杀手艾琳 / 125
【背景知识】 / 136
女性杀人犯的犯罪动机 / 136

第十二章　残忍的团伙作案 / 139
【背景知识】 / 149
儿童、少年犯罪 / 149

第十三章　变态杀人狂魔 / 151
【背景知识】 / 161
天生邪恶? / 161

第十四章　塑胶桶杀手 / 163
【背景知识】 / 177
法律意义上的精神异常杀手 / 177

第十五章　夫妻档杀手 / 179
【背景知识】 / 193
强奸行为 / 193

第十六章　暗夜杀手 / 195
【背景知识】 / 206
强奸与杀人之间的关系 / 206

第十七章　十字弓食人魔 / 207
【背景知识】 / 218
连环杀手的心理画像 / 218

第一章
老奶奶杀手

犯罪心理画像就是指专业的犯罪心理画像专家在凶案发生后，根据警方在侦查阶段中所掌握、提供的已知的凶案线索和案情，对未知的或与犯罪嫌疑人有关的行为、动机、心理过程以及嫌疑人的心理特点进行分析的过程。在将这些分析内容转换成文字形式之后，这份分析报告就可以将犯罪嫌疑人的外在形象以及活动特征等情况描述出来。

1989 年 3 月 1 日，位于澳大利亚悉尼北海岸的莫斯曼市已经进入了秋季，这里气候宜人、风景秀美，是当地非常著名且让人向往的旅游城市。莫斯曼市的治安一向很好，这里从来都没有发生过任何一起治安案件，所以生活在这里的人们都显得特别闲适，他们欣赏着秋日里独特的美景，享受着富足且安逸的生活。

格温多琳·米其儿·希尔是一名 82 岁的寡居老妇，她独自生活在莫斯曼市的一套小公寓中。3 月 1 日下午时分，格温多琳太太先去购物中心购物、就餐，然后于 4 点钟左右回家，她像往常一样漫步在莫斯曼市的街头，但就在这一段并不算远的路程上，恐怖的事情发生了。

当格温多琳太太路过一个俱乐部的时候，一名陌生人悄悄尾随了她。在格温多琳太太来到公寓楼前准备打开大门的时候，这名陌生人攻击了她。十几分钟后，几名来到公寓玩耍的小孩子发现了倒在大门前的格温多琳太太，她的头斜倚在乳白色的门框上，头部流了很多血，门框和地面上已经被大片的血迹染红了。

几名孩子以为老太太是不小心摔倒在地的，他们找来家长将老太太送进了医院。当天夜晚，格温多琳太太因抢救无效死亡。警方在初步调查之后发现，老太太随身携带的一个装有大量现金的红色钱包不见了，这让警方对这起案子产生了怀疑。

警方邀请了悉尼州最有权威的法医病理学家约翰·达福罗博士对格温多琳太太的尸体进行尸检。约翰博士通过法医尸检发现了一条十分重要的线索，他在格温多琳太太的脑后发现了一处伤口，并在颅骨中线的位置上发现了一处骨折痕迹。

按照常理推测，人在向后跌倒的时候头会不由自主地倾向一侧，这是人体非常基本的一个动作，因此如果是向后跌倒在地，就不可能使颅骨中线部分出现骨折的状况；如果是扑倒在地，则又不可能伤到后脑勺。所以，约翰博士推测格温多琳太太是死于意外袭击。除此之外，整起案件还有另一条重大线索。格温多琳太太遇害后，她的内裤、裤袜和鞋子都被脱了下来，虽然尸检报告证明格温多琳太太并没有遭到性侵犯，但这同样意味着这起案子是不同寻常的。

在拿到尸检结果之后，警方马上展开调查，但不幸的是，由于公寓内的管理人员误以为格温多琳太太是意外跌倒受伤的，所以在将她送进医院之后，物业管理人员就将门框和地面上的血迹清理干净了。当警方在几个小时后赶到现场准备搜集证据的时候，案发现场只剩下一些残留的血迹了。

虽然案发现场距离莫斯曼市的主街区仅有几米，公寓附近的不远处还有一个小规模的建筑工地，但凶手的作案手段十分老练，没有被任何人目击到他作案的过程，案发现场也没有留下任何证据，再加上这起案件在当地只属于“个案”，因此这起案件在初期调查无果后就陷入了停滞。

1989 年 5 月 9 日，84 岁的维尼·弗莱德·阿仕顿从俱乐部内走了出来，她是澳大利亚著名风景画家威廉·阿仕顿的遗孀，威廉去世后，她就独居在莫斯曼市。维尼太太先去了一趟购物中心，然后准备回家。走到家门前的时候，维尼太太先去查看了自己的信箱，然后又转身去了公寓一侧的垃圾房，她想要将信箱中取到的无用邮件丢掉。就是在这个时候，凶手突然袭击了她。凶手凶狠地将维尼太太的头撞向地面，很快就将她击昏了过去。

等到警方赶到案发现场的时候，维尼太太躺在垃圾房的地板上，她虽然穿了一件红色的大衣，但依然不能将地板上的大摊血迹遮掩住。维尼太太的下半身赤裸着，她的裤袜被脱了下来，凶手就是用这条裤袜将她勒死的。维尼太太的手包丢在尸体旁不远的地方，手包是打开着的，一支口红掉在不远处的地上，这意味着凶手可能翻动过这个手包。死者的拐杖和鞋子被整齐地放在她的脚边，这显然是凶手故意摆放在那里的。

这起凶杀案和第一起几乎完全一样，没有任何一个目击者，警方也没有掌握任何有价值的线索，这让此案的调查行动进展缓慢。警方既不能确定嫌疑犯的身份，也不能确定嫌疑犯的作案动机。经过初步分析，警方认为此案可能是由外地人所为，因为他们觉得莫斯曼市的市民都是很善良的。连续两起凶杀案让当地政府倍感压力，警方也组织了大规模的搜索行动，他们先后调查了莫斯曼市方圆 4 千米内的两万多名住户，但这次行动并没有得到任何线索。

随即，警方又在几名“疑似”目击者的帮助下勾画出了嫌疑犯的头像。这幅嫌疑犯头像画的似乎是一个瘾君子，他蓬头垢面、衣冠不整、满口黄牙、面相凶恶。乍一看，这幅生动的画像描绘的就是一个大坏蛋。但在犯罪心理画像专家看来，这幅画像所描绘的不过是人们的一种固有观念，人们常在潜意识里相信只有这样的人才会杀人，才会是警方需要逮捕的对象。

悉尼首屈一指、经验丰富的法医精神病学家罗德·弥尔顿博士应邀对凶手的心理面貌进行推断并研究凶手的犯案动机，以帮助警方尽快破案。罗德博士认为，嫌疑犯很可能是一个有正当工作的当地人，因为两起凶杀案的案发地点距离并不远，这说明凶手是有选择且目的很明确地作案，只有当地人才能轻松做到这一点。

至于凶手的作案动机，很可能是在他的某段重要人生经历中，和某个与他有着重要关系的女人关系异常，这种异常的关系在嫌疑犯的内心里播下了罪恶的种子。随着时间的流逝，罪恶不断积累，最终爆发。凶手的这段经历就是他心理变态的根本原因，也正是致使他残害老年妇女的最终原因。

通过这个人的作案手法来看，嫌疑犯应该是一个身体强壮的白人男性（一般的连环凶杀案都是同种族异性作案，被害人都是白人女性，作案者就应该是白人男性），这个人还应该当过兵，有服兵役的经历，只有这样的人才能在短时间内迅速且不留痕迹地作案。一般情况下，像以上所述的重大恶性案件，作案者应该是年轻且身体强壮的男人。

当地警方根据罗德博士的分析以及凶手的作案时间、作案地点等因素，很快就将视线锁定在了距离案发现场很近的一所学校，他们认为在这个范围内，学校里年纪不大且强壮的学生有非常大的嫌疑。警方出动了大量警力对这所学校内的学生进行了调查，并反复询问了该校的校长及老师。此外，警方还调查了驻扎在莫斯曼市附近的海军及陆军，以求可以找到与凶案有关的线索。

就在警方努力调查的时候，案情出现了新的进展。原来，维尼太太的邻居在检查她的信箱时，发现了她丢失的钱包。有目击者称，这个钱包最早被丢在莫斯曼市的阿仕顿公园内，这个公园正是为了纪念维尼太太的丈夫——阿仕顿先生的父亲而建造的。警方随即对公园进行了大规模的搜查，但并没有得到有用的线索。随即，警方又将破案的重点放在了外来人口作案上面，在当地，这种类型的罪案只占据全部罪案的20%，属于最难侦破且线索最少的案件。

警方认为这两起谋杀案有着许多共同之处，两名被害的寡居老人都是被暴力杀害，且死后都被凶手摆成了一副带有侮辱性的不雅姿势。被害人的裤袜、内裤、鞋子都被脱掉，被害人的钱包被拿走，显然都属于谋财害命型的罪案，尽管第二名被害人是被勒死的，但众多证据证明了这两起谋杀案之间是有联系的，这两起凶案的凶手极有可能是同一个人。

1989 年 10 月 18 日下午 4 点 10 分左右，住在莫斯曼市斯比特路附近的 84 岁寡居老妇陶丽斯・考克斯正在公寓外的人行道上散步。当时，杀手正准备去邮局，在看到陶丽斯太太之后，马上就跑到她的身后尾随起来，而陶丽斯太太则毫不知情。当陶丽斯走过一段走廊，转过弯来到一堵矮墙前的时候，凶手突然从她的身后冲了出来，他抓着陶丽斯的头，狠狠地、连续不断地撞向墙壁。

在这种高强度的攻击下，陶丽斯太太来不及做出任何反抗，她很快就昏死过去了。幸运的是，陶丽斯太太被路人发现并送进了医院，但案发现场依然被清理了（人们误认为陶丽斯太太是意外跌倒的），一直到晚上 10 点，医生才察觉到了异常。

可惜的是，陶丽斯太太患有老年痴呆，她不能给警方提供任何线索，也不知道是谁将自己击昏在地的。这起谋杀未遂案发生以后，警方就开始进行悬赏，他们从各个渠道搜集线索，有目击证人称，在案发时间段内，曾有一名十八九岁、踩着滑板的男孩出现在案发现场附近。警方着手绘制嫌疑人画像，并开始搜查。

罗德・弥尔顿博士推荐介入调查的犯罪心理画像专家认为，如此老练的犯罪过程意味着凶手是一名犯罪老手，他一定犯过同类型的凶案，虽然当时他可能并没有杀人。凶手在第一次杀人的时候只是将被害人的内裤、裤袜、鞋子脱掉，而第二次则用从被害人身上脱下的裤袜将被害人勒死，这意味着第一次作案成功给凶手带来了非常强烈的自信心，所以他才会在第二次作案的时候尝试以新的方法杀死被害人，而第三次作案意味着凶手的杀人停滞期正在快速缩短，这就意味着他马上就会再次作案。

尽管这一次的被害人没有死亡，但如果凶手得知了被害人是一名老年痴呆症患者，且警方没有从被害人身上得到任何有用的线索的话，凶手的自信心就会再次膨胀，这个消息甚至会让他相信自己是完全可以将警方玩弄于股掌之中的。在这种高度膨胀的自信心的影响下，凶手的作案频率会越来越高，作案时的手段会越来越残忍，但这也会让凶手变得麻痹大意，案发现场可能留下的线索也会变得越来越多，警方则可以通过这些线索确定凶手的真身，这也是警方侦破凶案的关键点。

就在警方努力搜集指纹、皮屑等其他法医证据及寻找作案凶器的时候，距离莫斯曼市不到 16 千米的莱恩科夫市再次发生了一起凶案。78 岁的陶勒西・本奇正提着购买的物品沿着人行道缓缓行走，就在这时，凶手来到了她的身边，陶勒西太太并不知道她身边这名男子的身份，他们竟然攀谈了起来，凶手还主动帮她提起了购物袋。陶勒西太太还邀请凶手去家里喝茶，但凶手推说有事，谢绝了陶勒西太太的邀请。

在将陶勒西太太送到家后，凶手竟然大发善心，没有杀害这名老太太，他转身沿着来时的小道往回走。几分钟后，凶手在小路上与提着商品回家的玛格丽特・弗朗西・帕哈德擦肩而过，玛格丽特 85 岁，她拄着拐杖行动迟缓，正好是凶手的猎杀对象。

凶手从玛格丽特背后发动袭击，他暴力击倒了这名老太太，脱掉了她的鞋子、裤袜和内裤，将她的拐杖和鞋子整齐地摆放在她的身边，然后将她的钱包带走。不久后，玛格丽特被送进了医院，但其他人依然误认为玛格丽特是不小心摔倒在地的，于是就将案发现场的血迹、线索全部清理干净，这样让警方再次失去了获得线索的机会。

犯罪心理画像专家认为，凶手在这么短的时间内就能从一个和善的年轻人转变成一个内心充满仇恨、具有杀戮冲动的恶魔，这说明了他是有选择地袭击老年妇人，并且极度仇恨被他选择的老年妇人。凶手在作案之后从容地将被害人的鞋子、拐杖整齐地摆放在一边，已经转变成了凶手杀人后必须要做的一件事情，这似乎是他的标识，这种行为带有很强的嘲讽和侮辱意味，进一步证明了凶手的盲目自大。

犯罪心理画像专家认为，发生在莫斯曼市的3起案件显然是同一个人所为，但这起发生在16千米以外的案件，虽然案发的过程十分相似，但他们依然需要考虑作案者是否是受到了“盲从综合征”（指作案者模仿其他凶手的作案手法杀人）的影响，因此专家初步认为这起案件是其他凶手所为。

杀手的目标非常明显，所有的受害者都是70 ~ 90岁之间的老太太，这也就意味着，对杀手产生重大影响的那名女人应该是凶手的长辈，她和凶手之间的关系很密切，但凶手非常仇恨这个女人。案件虽然发生在光天化日之下，凶手的手段也极其残暴、凶狠，但通过凶手选择的杀害对象来看，凶手应该是一个内心怯弱的懦夫。由于警方至今都没有找到凶手的指纹，因此又推断出凶手在作案时应该是戴着手套的。

尸检结果表明，这起凶案的被害人同样死于头部重创，但法医部门依然不能通过尸检来找到致使被害人死亡的凶器是哪种，尸检专家只能初步推测凶器是一把钝器，可能有一定的重量，但又不是很重，应该有几公斤重，绝对不会超过10公斤，而且这种凶器能够给人造成极大的伤害。

在短短的7个月之内，就先后有4名老妇人遇害，造成三人死亡一人重伤的严重后果，在当地引起了极大的反响。当地的媒体给作案的凶手起了一个“老奶奶杀手”的代号，当地警方在办案的时候也用这个代号来称呼凶手。现在警方需要考虑的是凶手到底还会不会继续作案，又会在哪里作案？警方又该如何界定调查区域？

一天午后，81岁的奥利弗·克利弗兰德正在莫斯曼市贝尔罗斯地区退休村的长椅上休息，就在这时，一名不速之客也坐到了长椅上，奥利弗太太准备起身离开，这名不速之客则猛地抓住了她的手臂，然后将她拉到一个缓坡上，在确认周围没有其他人之后，这名陌生人就用钝器猛击奥利弗太太的头部，将她击倒在地之后，凶手脱掉她的裤袜，然后狠狠地勒住了她的脖子。

凶手用裤袜将奥利弗太太勒死之后，翻看了她的手包，将手包里面的钱币拿走后，把手包、拐杖、鞋子整齐地摆放在死者身前。退休村的工作人员发现被害人的尸体后，就将她的尸体放进了村子内部的停尸间，这些工作人员武断地认为奥利弗太太是重摔在地致死的，虽然他们随后通知了警察，但犯罪现场的痕迹还是被他们给提前清理了。

犯罪心理画像专家认为，在连续5起袭击案件发生后，警方依然没能找到哪怕一名目击证人，假设凶手是外来的陌生人，那他一旦进入社区内部，就会马上引起社区其他成员的注意，这也就意味着凶手很可能就是社区内部的常住居民，而且他和其他居民之间的关系很融洽，所以社区内的其他居民才没有注意到任何可疑的人。

凶手使用丝袜勒死被害人的行为，除了暴力宣泄内心中的仇恨以外，更重要的是通过这种方式对被害人实施性侮辱。在这几起凶案中，用丝袜勒死被害人是完全没有必要的举动，凶手这样的行为代表着在凶手的心目中，杀人并不是最终目的，杀人只是为了方便他实施更深一层的侮辱行为。

凶手在杀人结束之后，总是会将被害人的物品整理得非常整齐，这除了有侮辱警方的含义之外，还意味着凶手很可能本身就有着随时整理物品的习惯。在正常情况下，只有现役或者退役军人才会保留这种习惯。

连续发生5起凶杀案之后，警方抽调了70多名资深警探，成立了专门侦破此案的专案组，警方还多次组织老年人参加安全培训，提醒这些老年妇女在外出的时候注意个人安全。各大媒体也争相报道与凶案有关的细节，政府还将悬赏金额提升到了20万澳元，可尽管如此，警方依然对“老奶奶杀手”一无所知。

93岁的穆里尔·贝蕾尔·科纳身体一直很好，她独自一人在莫斯曼市马斯顿街的一栋宽敞公寓内生活了39年。穆里尔太太习惯不锁后门，她从不担心自己的安全。邻居们提醒穆里尔太太要注意个人安全，但她并没有放在心上。

11月23日，穆里尔太太独自出门购物，下午5点钟的时候，穆里尔慢慢走到了家门口，就在她打开大门的时候，凶手从后面袭击了她，当时她奋力挣扎起来，凶手又绕到她的前面狠狠地击中了她的头部，然后又把她往屋内拖。这时穆里尔太太依然在挣扎，凶手又重重击打了她的头部。杀死穆里尔之后，凶手和以往一样处理了凶案现场。

第二天，穆里尔太太的尸体才被邻居发现。由于发现凶案现场的邻居是一名女护士，她很好地保护了案发现场，警方终于在凶案现场找到了迄今为止“老奶奶杀手”一案中的第一个证据——一个沾有血迹的鞋印。警方并没有将这个消息公之于众，以防凶手在得知这一消息后将作案时所穿的鞋子处理掉。

法医通过鞋印判断出了鞋子的款式，这是一双中老年人穿的男士皮鞋，这双鞋比较宽，但并不长，所以凶手的个头应该并不高。同时，这条线索还排除了警方之前的推测，凶手显然不是一个年轻人。

为了让凶手放松警惕，警方还在犯罪心理画像专家的建议下，在案发现场不远处的工地内大肆采集证据，并对外宣称凶手曾在这片工地里出没，工地内的鞋印就是凶手留下的。警方的行为让凶手打消了警惕心，因为他从来都没有去过那处工地。尽管如此，凶手还是用盐酸将作案凶器处理了一遍，在他看来，这样就能做到万无一失了。

犯罪心理画像专家在整理警方的日志时发现了一条重要线索，有人在案发时间段内于凶案现场附近发现了一名有着银灰色头发、穿着银白衬衫、大腹便便的中年男子，当时，这名男子正在凶案现场附近徘徊。犯罪心理画像专家马上在警方的电脑档案库内输入关键词——灰发男子，搜索的范围是悉尼北海岸前一年的犯罪报告，搜索的结果让警方十分兴奋。

在这次搜索中，警方共找到了 6 名嫌疑人，其中一名灰发男子曾在一年前在莫斯曼袭击了 84 岁的玛格丽特・托格亨特，这名男子的名字叫约翰・维恩・格拉佛，显然这名灰发男子很可能就是警方要找的人。格拉佛是一名馅饼销售员，警方先通过电话询问了格拉佛，但格拉佛拒绝回答任何问题，并声称自己会在第二天带着律师去警局，可是格拉佛并没有这么做。

第二天傍晚时分，警方再次打去电话，格拉佛的妻子大发雷霆，她声称警方的这种无端怀疑让格拉佛几近崩溃，他买了大量安眠药试图自尽，但这家人过激的态度让警方更加怀疑格拉佛。经过调查，警方还发现格拉佛已经丧失了性能力。犯罪心理画像专家认为，格拉佛的这种情况刚好可以解释“老奶奶杀手”为何要将被害人摆出不雅的性侮辱姿势，却又从未性侵过任何一名被害人。

警方决定 24 小时监视格拉佛的行踪，并在他的汽车上安装了跟踪装置，希望他可以露出马脚，找到更多与“老奶奶杀手”相关的证据。通过跟踪，警方又发现，格拉佛还是一所退伍军人俱乐部的常客，而这所俱乐部的位置刚好在“老奶奶杀手”活动范围的正中心。此外，格拉佛还犯有 2 项妇女猥亵罪、2 项攻击罪和 5 项盗窃罪。犯罪心理画像专家非常肯定地告诉警方，约翰・维恩・格拉佛就是“老奶奶杀手”，不过想要将他逮捕，警方还必须掌握足够的证据。

几周后，格拉佛明显察觉到了警方的跟踪，他还从妻子那里得知了警方正在调查他的消息，格拉佛彻底恐慌了。1990 年 3 月 11 日早晨，格拉佛出门买了一瓶威士忌，然后驾车赶到了位于平嗒丽大街上的一所住宅内，这儿是 60 岁寡居妇女——琼 · 辛克莱尔夫人的家，而辛克莱尔又是格拉佛一家的好朋友。此外，警方还得知了格拉佛和琼 · 辛克莱尔已经交往了近 18 个月，这也是他被辛克莱尔热情欢迎的原因。

整整 8 个小时过去了，辛克莱尔家里没有传出任何动静，这让负责跟踪的专案组成员十分焦躁，但他们又不能轻举妄动。傍晚过后，辛克莱尔家里养的那几只狗一直在拼命吠叫，这让警方找到了一个入室调查的理由。专案组安排了两名警员以噪音扰民的名义进入辛克莱尔的屋子，两名警员打开门后就看到了一具倒在门廊内的尸体，死者就是辛克莱尔。

辛克莱尔夫人的遇害方式和其他被害人非常相似，只不过这次被害人的尸体旁还丢着一把锤子。尽管这把作案凶器是首次露面，但这和尸检专家的推测是相符的。在此之前，专家之所以没有推测出凶器是一把锤子，原因就是凶手在行凶的过程中会用毛巾或其他纺织物品将锤子包起来，这极大地改变了被害人的伤口及血迹的模式。此外，也与案发现场多次被清理破坏有关。

警方还在浴室内找到了格拉佛，格拉佛正仰躺在浴缸内，浴缸被放满了水，水面上还漂浮着大量呕吐物。格拉佛的手腕上有切割的伤痕，显然他试图割腕自杀，但并没有成功，他又合着威士忌服下了大量安眠药，企图服药自杀，但大部分都被他呕吐了出来，警方马上将他送进了医院。

“老奶奶杀手”落网了，人们都长舒了一口气，但也有人不愿意相信这个过着普通家庭生活，有妻子、孩子和工作，生活在社区中的普通中年人竟然是一名残忍至极的杀手，但事实就是如此，这种状况颠覆了当地人的传统认知。

在结案之前，警方还有许多事情要做，他们需要对格拉佛进行审讯，弄清楚他所犯下的这些凶案的作案细节。警方先将格拉佛送进医院，格拉佛在第二天就恢复了知觉并开口说话。犯罪心理画像专家很清楚在审讯这种凶残的杀手时，一定要从贴近他的事情说起，这样才能撬开格拉佛的嘴巴。

警方在犯罪心理画像专家的建议下开始了审讯，他们从拉家常开始，慢慢博得了格拉佛的信任。没过几分钟，格拉佛就谈起了那些被杀害的被害人，他告诉警方，这些被杀害的老太太都和他的岳母相像。格拉佛的话无疑是从间接角度证明了他与被害人的死有关，这让警方很兴奋，他们将谈话的内容详细地记录了下来。

审讯的进展十分迅速，在警方询问每一起凶杀案的凶手时，格拉佛都会直接表明他就是作案真凶，而且还在口供的后面干脆地签下了自己的名字，他签名的时候显得很平静，这让警方有些吃惊。犯罪心理画像专家认为，格拉佛之所以会非常平静地签名，原因是他想要对自己所犯的谋杀案做一个陈述，这种一吐为快的情绪使他可以平静地签下自己的名字。

在接下来的审讯中，格拉佛非常平静地将所有凶案的细节全部陈述清楚，警方也终于掌握了这些凶案的始末。警方还在格拉佛的家中搜到了一双皮鞋，这双皮鞋和在 93 岁的穆里尔·贝蕾尔·科纳太太遇害现场留下的脚印相吻合，这也是警方所掌握的第一件明确物证。

当天傍晚，警方就正式指控格拉佛犯有谋杀穆里尔·贝蕾尔·科纳和琼·辛克莱尔的罪名。虽然，格拉佛对他的谋杀罪行供认不讳，但警方必须在他被还押待审的时候，解决掉另一个重大阻碍——必须证明格拉佛在行凶的时候精神是处于正常状态的。为此，警方将格拉佛带到了凶案现场。在这里，格拉佛又一次详细地描述了他跟踪和谋杀被害人的全过程。

警方还得知格拉佛在杀人之后，都会拿着从被害人身上得到的金钱去俱乐部消费，他用这些钱来请自己的朋友喝酒。有时候，格拉佛还会请一些刚刚结识的老年妇女喝酒，他的这种行为可以为自己下次行凶提供机会。犯罪心理画像专家认为，格拉佛显然是从这种行为里面得到了他想要的快感，这种快感正是驱使他不断行凶作案的罪魁祸首。

格拉佛还喜欢从电视或者报纸中看关于“老奶奶杀手”的报道，他经常以非常平淡的口吻和家人及其他朋友谈起这些凶杀案，并说上一些“警察真笨”“警察蠢得像头猪”之类的话。格拉佛的态度让家人及友人们都不愿意相信他就是“老奶奶杀手”。犯罪心理画像专家认为，格拉佛的这些行为同样是他从凶杀案中获得快感的渠道之一，而且这样的举动可以最大限度地降低自己被他人怀疑的概率。

经过详细的调查，犯罪心理画像专家发现：格拉佛出生于英国乌尔汉普顿的一个工人家庭。格拉佛的母亲弗丽达生性放浪，她先后交往了很多男性，有着几任丈夫和诸多男友，而且她在与这些人交往的时候从不避开格拉佛，这也是格拉佛的内心开始出现扭曲的第一个诱因，格拉佛也因此开始仇视年长女性。

犯罪心理画像专家经调查发现，格拉佛在青少年时期就已经有了轻微犯罪的历史，有一次还因为盗窃被警察关进了监狱。格拉佛曾将这段经历隐藏起来，然后又参加了军队，但不久就被军队查到了他的那些犯罪历史，格拉佛又被赶出了军队。尽管格拉佛从军时间很短，但正是从军的经历让他拥有了可以在短时间内杀害被害人的能力。

1957 年，格拉佛移民到澳大利亚墨尔本生活。在这里，格拉佛有过几次猥亵妇女的犯罪记录。犯罪心理画像专家认为，格拉佛所实施的犯罪正在慢慢加重，这说明他内心中的罪恶正在一步步增强，马上就要到达爆发的时刻了，而这种爆发只需要一根导火索。

1968 年，格拉佛与盖伊·罗尔斯结婚，夫妇二人移居到悉尼，和盖伊的双亲住在一起。从某种程度上讲，格拉佛的这段婚姻有“攀高枝”的嫌疑，而盖伊的母亲艾希也非常不喜欢格拉佛。等到格拉佛搬进岳母艾希家以后，他和岳母艾希之间的矛盾就进一步扩大了。

1990 年 3 月 28 日，格拉佛被送到格莱博王室法院内接受审判。在这次初审中，格拉佛被指控犯有 6 项谋杀罪和一系列攻击罪，即便格拉佛已经承认了自己所犯下的罪行，但他依然谎称自己患有间歇性精神障碍，并试图以此来证明自己是无罪的。

格拉佛的谎言被很多陪审团成员及其他受过高等教育的人所认同，他们认为像格拉佛这样拿着锤子四处击杀老太太的人，显然意味着他的精神是有缺陷的，因为没有正常人会干这种事情。如果陪审团一致认定格拉佛是患有精神病的，那在极端的情况下，他就会被免除所有他需要承担的法律责任。

1991 年 11 月 18 日，正式审判开始了。辩方律师先拿出了两份精神病专家提供的检测报告，这些精神病专家认为，格拉佛所犯下的罪行是来自于他对自己母亲和岳母的仇恨，这种根深蒂固的仇恨让他在作案的时候完全是处于癫狂的精神不正常状态。

犯罪心理画像专家马上就批驳了辩方律师的这种说法，专家认为：格拉佛在一年内所犯下的罪行全部有着非常详细且周密的计划，他会在作案前事先准备好作案工具——锤子，他在杀人之后并没有做出疯狂破坏被害人尸体的举动，而是尽快离开作案现场，这证明他并没有被仇恨蒙蔽双眼，杀人的目的只是为了报复、发泄和取乐。

格拉佛在作案的时候还会在锤子上蒙上纺织物品，以此来阻止警方通过尸检渠道找到凶器并搜查携带这种凶器的车辆或者行人，他在行凶后还会将作案时所使用的橡胶手套烧掉，用盐酸清洗锤子上面沾有的血迹，并且会将用剩下的酸液放进后院里的漆桶内处理掉，这样严密且有条理的行凶及善后过程显然意味着凶手在作案前、作案中及作案后的神智都是非常清楚且精神处于正常状态的。

犯罪心理画像专家还指出，格拉佛在作案之前，他的母亲和岳母就已经先后正常去世了，岳母和母亲的去世点燃了格拉佛内心深处积压着的仇恨，他很快就将他对母亲及岳母的仇恨转移到了其他与岳母或母亲有着相似特征的老年妇女身上，而这就是他杀人的动机。虽然从某种角度来讲，格拉佛是不幸的，家庭环境对他产生了极大的负面影响，但这并不能抵消他所犯下的罪行。

在犯罪心理画像专家的合理分析之下，陪审团只经过短短几个小时的商议就达成了一致。随即，法庭宣判警方指控格拉佛的所有罪名全部成立，辩方律师提供的精神失常证据则全部被驳回，约翰·维恩·格拉佛被判处无期徒刑，并在利特高监狱中服刑，直至死亡。2005 年 9 月 9 日，格拉佛在利特高监狱中自缢身亡，尽管警方依然怀疑格拉佛与其他 7 起凶杀案有关，但这些秘密都被他带进了坟墓。

【背景知识】

什么是犯罪心理画像

犯罪心理画像就是指专业的犯罪心理画像专家在凶案发生后，根据警方在侦查阶段中所掌握、提供的已知的凶案线索和案情，对未知的或与犯罪嫌疑人有关的行为、动机、心理过程以及嫌疑人的心理特点进行分析的过程。在将这些分析内容转换成文字形式之后，这份分析报告就可以将犯罪嫌疑人的外在形象以及活动特征等情况描述出来。

总的来讲，犯罪心理画像就是通过分析作案人遗留下来的能够反映其特定犯罪心理特征的各种表象或信息，来刻画作案人犯罪心理及外在形象的侦查过程。犯罪心理画像是一个动态的侦破过程，该过程不可能与刑侦过程中的其他手段、措施相背离，而且只有在侦破凶案以后，整个过程才最终结束。

从广义上面来讲，犯罪心理画像的技术源自4个方面：刑事侦查、法医鉴定、心理评估、预测以及文化人类学。该技术主要是借用犯罪心理学的原理以及其他相关的科学知识，在心理分析的基础上分析犯罪现场遗留下来的所有证据，不管这些证据是故意留下的还是意外留下的，也不管这些证据是不是过于微小或不起眼的，只要有痕迹、细节，犯罪心理画像专家都能由此推测凶手的个性或心理特征，并在这一基础上描绘出凶手的性别、年龄、种族、职业甚至学历等一系列特征。

一般来说，警方可以将犯罪现场的总结报告和法医尸检的结果以及其他与案情有关或者与被害人有关的线索信息提交给专业的犯罪心理画像专家，再由犯罪心理画像专家分析、反馈关于凶手的推测报告。

第二章
魔鬼屠夫

通常情况下，犯罪心理画像这门技术主要适用于系列性案件，比如系列杀人案、系列抢劫、盗窃案、系列性故意伤害案，等等。当然，如果有些普通案件具备了典型的作案特征，那同样可以使用犯罪心理画像技术来进行侦破。

1949 年 10 月 24 日，在距离温哥华东部约 24 千米左右的一处农场中，罗伯特·皮特顿出生了。罗伯特的父亲老皮特顿在这里经营着一个农场，一家人以屠宰家畜为生。老皮特顿有三个孩子，除了罗伯特以外，还有一个小儿子大卫和一个女儿琳达。在老皮特顿看来，女孩子是不适合待在农场的，于是他就将女儿送到温哥华的亲戚家居住，留下两个儿子帮忙打理农场。

老皮特顿的妻子是一个特别严厉的女人，她给孩子们安排了大量需要马上去做的活儿，在她的眼里，养好猪才是最根本、最首要的问题，她也从不会去主动关心孩子们的卫生和健康问题，所以孩子们的身上总是带着一股难闻的“猪屎味”。在孩子们的圈子里，大家都知道老皮特顿家的孩子是从不洗澡，也不换衣服的，他们就和“臭猪仔”一样难闻。几乎全部的孩子都不愿意与老皮特顿家的孩子玩耍。

罗伯特和大卫的学习成绩也不好，他们两个人的思维反应比较慢，因此经常在课堂上出丑。学校的老师给他们安排了补习课程，这进一步加剧了两人对学习的厌恶。两人开始逃课，他们总会从学校的课堂里逃出来，躲藏到自己的卧室内，等到放学的时间到了，再从卧室内出来，以避免逃学这件事被父母发现。

犯罪心理画像专家认为，罗伯特的童年生活以及母亲、老师和其他孩子们对他的态度使他的性格变得孤僻起来。在这种性格的影响下，罗伯特的兴趣主要集中在了干农活和养家畜上面，他尤其关心那些不会说话且不讨厌自己的家畜。对罗伯特而言，这是他能够找到的唯一一种可以排解内心痛苦、转移注意力的方法，如果这个排解渠道被人打断，罗伯特很可能会发生极端的改变。

罗伯特在 11 岁的时候用自己的积蓄在温哥华的一场拍卖会上购买了一头小花牛，这头小牛也就成了他唯一的玩伴和倾诉对象，罗伯特将自己的全部精力都投入到了这头小牛身上，他每天都会抽出时间，赶回家中喂养、照顾这头小牛。对罗伯特来讲，这是他生命中非常重要的一件事。

不幸的事情很快就发生了。有一天，罗伯特回家后并没有看到那头小牛的身影，他跑去问自己的母亲，母亲显得非常轻松，她平淡地告诉罗伯特，他应该去谷仓看看。罗伯特在那里发现了小花牛被分割成块的尸体，这一幕让罗伯特疯狂地大喊大叫，他歇斯底里，却又毫无办法。

犯罪心理画像专家认为，罗伯特的母亲在未经他允许的情况下就将这头小花牛杀死的事情，无疑是给他以致命一击，这让他对人类所存有的最后一点情感、希望和联系都统统消散了，罗伯特的心开始变得坚硬起来，他已经开始向着另一个极端方向走去。多年以后，又有谁能够想到致使罗伯特走向屠杀、灭绝之路的起因就是这件看似寻常、普通的杀牛事件呢？

时光继续流逝，罗伯特不得不继续自己的生活。1965 年，14 岁的罗伯特选择辍学，他决定进入一家屠宰场当学徒。在这家屠宰场，罗伯特发现自己在解剖动物尸体方面非常有天分，他的剥皮技术、分割肉块骨头的能力都很强，这让他更加了解自己所从事的事业，并掌握了非常厉害的屠宰技术。

罗伯特在这家屠宰场一待就是 4 年，这 4 年中他宰杀了大量动物，虽然他的工作很枯燥，也很繁重，但犯罪心理画像专家认为，将这 4 年的屠宰生涯称为“罗伯特的快乐时光”也不为过，这些看似繁重的工作将罗伯特的注意力暂时转移开，极大地缓解了他的心理冲突。可惜的是，这段时光同样不能长久。

1966 年 10 月 16 日，罗伯特再次经历了一场人生变故。罗伯特的弟弟大卫在 16 岁的时候拿到了驾照，他兴奋地开着自家的皮卡车出门兜风，在途经一条乡间小路的时候，大卫不小心撞到了一名小男孩，他吓得六神无主，急忙驾车逃回了家中，并将这件事告诉了他的母亲。

大卫的母亲很平静，她让孩子们不要慌张，让大卫将车子开进车库，并把车库门锁上，然后独自一人去处理这件事情。大卫的母亲赶到事发地点，她发现那个小男孩伤得很重，尽管这个孩子还活着，但大卫的母亲依然将他推进了路边的河沟中，把这个孩子活活溺死了。

警方在事后调查这起案子的时候，将这名孩子归结为事故致死，警方也没有掌握确凿的证据，因此并没有将这件事和老皮特顿一家人联系起来，这个案子也就这样匆匆了结，大卫和他的母亲逃脱了法律的制裁。

犯罪心理画像专家认为，罗伯特和大卫的母亲是一个有着极端反社会人格的人，正是她的这种极端反社会人格时时刻刻影响了罗伯特，使罗伯特形成了极端、恶劣的反面人格。母亲所做的这件事对罗伯特的影响非常大，这件事让罗伯特不再惧怕法律，也将他重新拉到了错误的人生道路上。

罗伯特在过完 21 岁生日以后，就辞去了屠宰场的工作，他返回父亲的农场做起了全职，而事实上，罗伯特也不得不这样选择，因为他除了做这份工作以外，根本不会也不敢去做其他事情。犯罪心理画像专家认为，罗伯特的这种情况完全源于他的母亲，在他的内心中，农场是一个非常安全的地方，只有在这里他才不会失败，才能生活下去。

从此以后，罗伯特就一直干着养猪、屠宰的工作，因为工作原因，他还经常去位于温哥华西岸附近的回收厂，这处回收厂主要收集、处理废弃动物的尸体。罗伯特经常到这里将废弃动物的尸体丢进搅拌机中制造副产品，所以这里的人都认识他。此外，罗伯特还会在返回的时候顺道去东城区一个叫“下层轨道”的地方，这里聚集了大量妓女和瘾君子，这里的人们大多从事盗窃、贩毒及卖淫等工作。

罗伯特会在这里找到他想要的感觉，他会给妓女大把的金钱，给妓女们买她们想要的东西，妓女们也会在自己的圈子里向其他妓女炫耀。因此，在这片区域内的妓女口中，罗伯特就是一名“好好先生”。罗伯特开始经常光顾东黑斯汀大街的爱斯托利亚酒吧，在这里男人们会和他平等交谈，而女人们则会满足他的性需求。在这里，他似乎找到了自己应有或者说是他想要的位置。

犯罪心理画像专家认为，罗伯特从小就是一个不起眼，也不被他人所尊重的“小人物”，而在这家酒吧中，他可以帮助其他人，其他人也需要他的“帮助”，这似乎让他拥有了从未体验过的感觉以及梦寐以求的权利，这种感觉让他越来越迷恋这个地方。

慢慢地，罗伯特开始更加频繁地寻找那些可以满足他的妓女，他总是展现出一副很友好的面孔，用殷切的关怀和友善的外表来博得这些妓女们的信任，但只要这些女孩上了他的车，他就会马上变得暴力起来。就这样，罗伯特有规律地继续着自己的生活，他白天在农场工作，晚上则来到酒吧消费，享受挥金如土的感觉。

很快，这种有节奏的生活再次被打断。1978 年，罗伯特父母的身体开始出现问题，1 月初，他的父亲去世，而他的母亲又患上了癌症。罗伯特在照顾母亲的时候，发现这个曾经无所不能的女人现在变得非常苍老、非常脆弱，罗伯特格外伤心。3 个月后，罗伯特的母亲去世了，这给罗伯特带来了非常沉重的打击。

犯罪心理画像专家认为，世界上最原始的感情就是母亲和孩子之间的亲情，这种感情是人得到的第一份感情，也是最难以割舍的一份感情，在失去了这份感情之后，罗伯特内心中积压着的丑恶马上就要爆发了。

母亲死前将农场留给了 3 个孩子，但大卫和琳达并不想从事和农场有关的工作，他们分了财产，又将农场交给罗伯特照看。尽管有些人认为罗伯特是一个像猪一样生活的人，他不爱卫生，整天只知道围着猪转，活得就像一头猪，但犯罪心理画像专家认为罗伯特之所以继续做这份工作，除了与他害怕自己不能在外面的世界取得成功以外，还有一种继承家业的责任感。

父母留下的房子分给了弟弟大卫，罗伯特就搬到了农场边上的一辆拖车内居住。罗伯特在这个只属于他的农场里开始了新生活，他会在工作之余带女性到农场里玩耍，他还会教她们屠宰技术，然后带她们去看电影或者逛街。在这段日子里，罗伯特经常更换自己身边的女性。

罗伯特很不会讲话，和他交往的朋友大多是有求于他的人，他会用毒品或者钱将不同的女性带到自己的拖车里，让她们干一些零活或者帮他打扫卫生。虽然这些女性不介意他的卫生状况，但她们从来都不会和他上床，尽管他非常想。

1980 年的一天晚上，罗伯特在街道上游逛，他看中了一名女孩，这名女孩只有 14 岁。罗伯特在将这名女孩骗上车以后，就粗暴地强奸了她，然后在路过一个废弃停车场时，将这名女孩推下了车。在此后的 10 年中，罗伯特一直过着白天工作，晚上嫖妓、酗酒的生活。

犯罪心理画像专家认为，此时，罗伯特的心理已经产生了难以逆转的转变，在他的眼中，妓女是连猪都不如的“生物”，他可以肆意凌辱这些人，而强暴并逃脱惩罚的戏码进一步增强了他的快感，这种快感会一步步增强，也会使他变得越来越热衷于袭击和暴力，而更暴力的事情马上就要发生了。

1994年，土地突然变得值钱了，罗伯特和弟弟卖了一部分农场，这桩买卖让他们赚到了将近200万美元。有了钱之后，罗伯特和弟弟在1996年成立了一个名叫“猪仔殿堂”的社团，这个社团经常举办一些派对，每次都有几百甚至近千人前来参加。罗伯特经常带妓女参加这个派对，然后就将妓女带进自己的拖车。

当时，罗伯特很有钱，他的社会地位也得到了明显提升，所以他起初通过不停给妓女们提供毒品的办法来满足自己的性需求，但是到了后来，罗伯特就再也控制不住自己内心中的暴力因素，他那收敛的举动也慢慢演变成了残忍的杀戮。

1997年3月，第一名被害人出现了。这名被害人是一名妓女，她叫温蒂。当晚，罗伯特试图在温蒂睡觉的时候给她戴上手铐，但温蒂挣脱了，罗伯特很愤怒，他拿了一把刀威胁温蒂，温蒂也顺手拿了一把刀，罗伯特刺她一刀，温蒂就会回刺。温蒂趁乱逃出了拖车，随后被路人所救。

由于温蒂不敢去法院指控罗伯特，因此警方提交的控告被法院撤销了，罗伯特再次逃脱了法律的制裁。1997年8月，罗伯特又选中了一名叫马尔尼·弗雷的女孩，这名女孩是一个瘾君子，罗伯特就用毒品将她骗到了他的拖车内，此后人们再也没有看到过马尔尼。

犯罪心理画像专家认为，罗伯特很可能用两种方法处理了马尔尼的尸体，第一种是将她的尸体分割后埋在农场内，第二种是将马尔尼被分割后的尸体带到动物尸体销毁处销毁。马尔尼·弗雷的死亡只是整个连环杀人案的序曲，罗伯特强烈的性欲和对女人的控制欲将会演变成他疯狂杀人的新欲望。

对罗伯特来讲，用妓女想要得到的东西将她们骗上车，并带到被他完全掌控的拖车内，实施性侵、暴力杀人、分割被害人的尸体、销毁或埋藏尸体，整个过程的每个细节都是他所喜欢的，他享受这件事情。

在 1995—1997 年这两年间，一共有 21 名妇女在这片混乱的区域内失踪。但在当时，整个地区内的人们都不愿意或者不敢相信罗伯特是导致这些妇女失踪并杀死她们的罪魁祸首。犯罪心理画像专家认为，连环杀手在作案的时候都需要越来越大的快感，这种快感会逐渐提高他们的残暴程度，罗伯特的一系列行为正好完全符合连环杀手的心理演变过程，显然他就是杀害妓女的罪魁祸首。

截止到 1998 年，该地区又有 9 名女子失踪，但由于失踪的都是妓女，所以社会并不关注这一问题，警方也没有展开任何调查行动。即便是有被害人的家属向警方报案，警方依然以这些人本来就是处于灰色地带、消失很可能是悄悄去和别的男人“度假”为由拒绝展开调查。事实上，警方只是不愿意接手连尸体都找不到的凶案，他们更不会主动把失踪案升级为凶杀案。

尽管警方不关注这方面的事情，但妓女和瘾君子都不会在街头四处游荡了。只不过，很多妓女还是会上罗伯特的车，这不仅是因为他会付钱，还与他一直有一个“好好先生”的称号有关。有些妓女甚至和罗伯特成了朋友，这其中就有一个叫林恩·艾莉森的妓女。林恩是一个瘾君子，她曾因为吸毒而在罗伯特的拖车内待了好几个月。

犯罪心理画像专家认为，像罗伯特这样的连环杀手通常都有两种或者两种以上的生活方式，他们并不会杀死自己遇到的每一个女人，每一名被害者的背后都有着很多复杂的原因，连环杀手也会有自己判断、选择猎物的标准，并不会盲目杀人。

1999年，林恩当时就住在罗伯特的拖车内，有一次，她吸毒后就在拖车内睡着了，半夜时分，她被农场后面传来的“咄咄”声吵醒。出于好奇，林恩悄悄前去查看，她从门缝内看到了一具悬挂在肉架上的尸体，这具尸体是乔治娜·帕潘，她是罗伯特的新猎物。林恩吓坏了，她慌慌张张地逃离了农场，但罗伯特并没有去追她。

犯罪心理画像专家认为，罗伯特之所以没有追上去杀死林恩，是因为在他的心里，林恩是他的朋友，而大部分连环杀手选择杀害的对象都是陌生人，一般是不会杀死自己认识的人的。林恩逃离之后也没去报案，罗伯特依然在继续他的杀戮。

布伦达·沃尔夫是一个瘾君子，她想去罗伯特的拖车里弄点毒品，但她从此再也没有出现过，她是温哥华街头失踪的第53名女性。妓女们变得越来越警惕，这让罗伯特很难弄到新猎物，他开始利用他的妓女朋友——戴娜·泰勒钓取猎物。戴娜一般会去女子收容所找妓女和瘾君子，然后利用金钱或毒品将被害人带到罗伯特的拖车内。

到了这里，罗伯特就会以这些女人动了他的钱包或者偷了他的钱为由，大发雷霆，并攻击这些女性。截止到2001年1月，温哥华地区失踪的女性多达62人，警方终于在同年4月展开了失踪妇女一案的调查行动。警方悬赏搜集线索，罗伯特第一时间就进入了警方的视线，但由于没有确凿的证据，警方只能暂缓调查。

就在警方展开调查的同时，罗伯特继续实施杀戮。同年6月，安戈黎娅·约思布雷遇害，8月，瑟琳娜·艾博斯威遇害，但这两次杀戮过后，罗伯特并没有将两人的尸体处理掉，而是将死者的头、手、腿脚放进塑料桶内，冷冻在放肉的冷库中。犯罪心理画像专家认为，罗伯特的这种行为是他过分自信的表现，他已经完全相信警方是无能的，也不在意这些未处理的尸体会给自己带来危险，他相信自己不会因杀戮妓女而获罪。

同年 11 月份，莫娜・维恩森被罗伯特杀害，和以往不同的是，罗伯特选择的作案地点是农场后面的露营地。杀人的时候，罗伯特使用了一把点 22 口径的手枪，莫娜的血溅射到营地的墙壁和被褥上。

犯罪心理画像专家认为，罗伯特之所以改变杀人模式，很可能是因为莫娜在和他睡觉的时候不小心触怒了他，所以他才会选择在这里杀害她。而罗伯特的行为也预示着他已经不能控制自己内心中的愤怒和暴力倾向，他的情况已经非常严重，这个时候他很容易在作案时留下大量证据，而这也恰恰就是警方破获此案的关键时期。

直到 2002 年 2 月，一名给农场运送货物的货车司机向警方提供了一条重要线索，他告诉警方，罗伯特的农场内有危险的武器，警方借此申请到了搜查令。接下来，警方发现了令人恐惧的证物，并由此拉开了加拿大历史上最大规模的法律调查的序幕。

凭借着莫娜・维恩森遇害时留在墙壁、地板、被褥上的血迹，警方顺利将罗伯特收押，然后继续在农场内搜查其他罪证。在农场内的垃圾桶里，警方找到了被劈成两半的头颅、被害人的头发、切成碎块的残肢。面对铁一般的证据，罗伯特却冷静地否认了警方的一切指控。

犯罪心理画像专家认为，警方这种审讯方式是不能取得效果的，因为罗伯特现在面对警方的态度是满不在乎的，这和他的母亲在面对他时所采取的态度一样，而且罗伯特非常享受这种感觉，他跷着二郎腿，看着警察像小丑一样忙上忙下。审讯连续进行了 11 个小时，但没有取得任何进展。

犯罪心理画像专家认为，大多数连环杀手在被捕之后都有极其强烈的诉说欲望，只不过这种欲望一般不会针对警察罢了。在犯罪心理画像专家的建议下，警方安排了一名便衣警察单独和罗伯特待在监狱中。尽管罗伯特知道自己正被监控，但他依然控制不住自己“炫耀”的欲望。他向“狱友”宣称自己要杀 50 个人，这句话意味着他已经杀了 49 个，而且还暗示了他是怎样通过动物尸体回收站来销毁被害人尸体的。

2002 年 2 月 22 日，警方以罗伯特·皮特顿蓄意谋杀莫娜·维恩森和瑟琳娜·艾博斯威将其告上法庭。与此同时，警方进一步加快了从农场中搜集证据的速度。整个证据的搜集过程持续了 22 个月，截止到 2005 年年底，警方已经确凿地掌握了 27 起谋杀案的证据。

2006 年 1 月，震惊整个加拿大的重大连环凶杀案正式开审，该案件的审判过程持续了将近一年。在这次审判中，辩方律师将罗伯特定性为一个不可能独立完成凶杀案的低能儿，尽管警方提交了大量确凿的证据，但陪审团的意见一直不能统一。

2007 年 12 月 8 日，第一次审判的结果出来了：陪审团认为警方指控罗伯特的所有一级谋杀罪都不成立，但他们认为罗伯特犯有 6 宗二级谋杀罪，并以此宣判罗伯特·皮特顿被处以 25 年监禁。直到现在，警方依然没能对 64 名失踪妇女中的其他妇女的去向做出合理解释。

犯罪心理画像专家虽然不清楚罗伯特到底杀害了多少女性，但他们知道导致罗伯特从一个杀猪的屠夫变成一个杀人狂魔的原因。使罗伯特变成一个杀人狂魔的原因有两个部分，一部分是先天的因素，这可能与罗伯特的遗传基因有关；另一部分是后天学习得来的，这其中与他的心理变化因素有着非常大的关系，对罗伯特而言，现实生活是无趣的，只有不停地杀戮才能让他感到“愉悦”。

【背景知识】

犯罪心理画像的起源及应用

犯罪心理画像这一名词最早源自美国联邦调查局。犯罪心理画像有很多种称谓，有的人称它是犯罪人画像或者犯罪人格画像，有的人则称它为行为画像、犯罪现场画像以及犯罪侦查分析等。在美国联邦调查局里，犯罪心理画像又被称为犯罪现场分析的犯罪心理画像技术，这种技术是由美国联邦调查局下辖的行为科学部所创立的。

通常情况下，犯罪心理画像这门技术主要适用于系列性案件，比如系列杀人案、系列抢劫、盗窃案、系列性故意伤害案，等等。当然，如果有些普通案件具备了典型的作案特征，那同样可以使用犯罪心理画像技术来进行侦破。

现阶段，犯罪心理学画像有 3 种主要方法：第一种方法是美国联邦调查局当前所使用的犯罪现场分析法，FBI 十分注重犯罪现场的各种特征，他们通常会将犯罪现场特征与被害人的详细信息等数据输入犯罪特征数据库中进行画像。第二种方法是英国现在所使用的调查心理学的方法，这种方法注重犯罪现场的行为特征所反映的心理学意义，用犯罪行为来推理出犯罪人的日常生活行为。第三种方法是犯罪心理画像中应用最广泛的诊断评估法，这种方法是由临床实践经验积累而成，也是大多数优秀警探、特工常用的刑侦推理方法。

第三章

流窜型连环杀手

在调查凶案及对凶案资料进行分类的时候，犯罪心理画像专家都会将凶手分成组织型个性者和无组织型个性者两类。所谓组织型个性者有一个最大的共性，就是这类凶手都会有计划地实施犯罪。组织型个性者所做的案件全部是有预谋的凶案，这些凶案并非以随机的形式出现。

伊斯雷尔·凯斯是美国犯罪史上一位十分“特殊”的连环杀手。伊斯雷尔被捕后，他尽最大可能与警方抗争，试图通过隐瞒作案细节以及提供含混信息的方式来操纵警方，让警方为他所犯下的案件以及与他有关的事情疲于奔命，以至于警方不得不借助犯罪心理画像专家的力量，即便如此，警方最终也只能确认11起凶案与他有关。

犯罪心理画像专家对伊斯雷尔很感兴趣，专家们发现他会很仔细地挑选被害人，但他挑选被害人的目的和常规连环杀手不同，他的作案过程十分精细，每一步都像是在排兵布阵。伊斯雷尔所犯的每一起案件都尽可能地消除了所有证据，而他作案的目的似乎仅仅是为了享受作案过程及作案后不被他人发现的刺激感。

连环杀手在作案的时候，通常都会选择同一类型的受害者，这些被害人大都有一个相似的特征，之所以如此，是因为在杀手的幻想世界中，早已经形成了一副杀害对象的模板，杀手的猎杀对象都是按照这个模板进行挑选的。但伊斯雷尔并不是这样的杀手，他似乎只想杀人，事实上，他追求的应该是杀人这件事，而不是去杀特定类型的人，所以他无须按照模板杀人。

比尔·柯里尔和他的妻子洛林就是被伊斯雷尔杀害的一对老年夫妇，这对夫妇定居在佛蒙特州的一个普通小镇——埃塞克斯章克申镇。在美国，这种小城镇安详又宁静，抬头就能看到飘着几朵白云的湛蓝天空，温暖和煦的气候、幽美秀丽的自然风光使得这种小镇非常适合颐养天年。但是很快，夫妻两人的宁静生活就被一个不同寻常的连环杀手打破了，他就是伊斯雷尔。

埃塞克斯章克申镇的治安事件很少，所以居民们的安全意识普遍较低，这样的环境对连环杀手来讲无异于是一处“人间天堂”。警方事后还原了比尔和洛林遇害时的场景。案发 48 小时前，伊斯雷尔鬼鬼祟祟地混在机场候机的人群中，他想要搭乘阿拉斯加飞往芝加哥的航班。在芝加哥下了飞机以后，伊斯雷尔租了一辆汽车，径直驶向佛蒙特州乡下一个偏僻的地方，他将在那里找到他作案时需要使用的工具。

犯罪心理画像专家认为，这些存放在偏僻地点的杀人工具就是伊斯雷尔的一个标志，这种存放杀人凶器的方法是他所特有的方法。他会搭乘飞机飞向美国的各个角落，在不同的地方寻找偏僻区域来埋藏他将要使用的杀人武器或行动时需要用到的备用物品。

每次作案后，伊斯雷尔就会将作案工具藏到早已挑选好的埋藏地，直到他再次需要使用它们，这也是警方不将他与其他连环杀手放在一起的一个主要原因。犯罪心理画像专家认为，伊斯雷尔这种做法的最大目的，其实是为了在作案的时候可以在最短的时间内找到凶器并实施罪行，而且作案后还可以很好地将凶器藏起来，以防警方在偶然的情况下找到可供调查的线索。

伊斯雷尔显然十分清楚警察在佛蒙特州乡村往返巡逻的具体时间，而且他也早就选好了他即将闯入的那栋房子，他还做好了应对一切突发状况的准备。在他这种环环相扣的精密安排下，被害人根本不可能做出任何有效的抵抗。

犯罪心理画像专家认为，伊斯雷尔并不在乎他要攻击的人是谁，他选中比尔夫妇也完全没有任何特殊理由，吸引这个杀手杀害比尔夫妇的原因是作案成功和不被警方发现的可能性很高。伊斯雷尔在作案前早已彻底了解了比尔夫妇的情况，他事先调查了比尔家的户型、环境以及居住在他家周边的邻居，并根据搜集到的这些信息制订了一套堪称完美的杀人方案。

2011 年 6 月 8 日夜，埃塞克斯章克申的夜晚很温暖，伊斯雷尔悄悄潜伏在比尔家屋外不远处的一处杂草丛中，他静静地等待着。夜色深沉，比尔家的灯熄了。伊斯雷尔依然没有行动，他继续潜伏，直到他认为比尔夫妇已经熟睡，他才悄悄起身，慢慢靠近比尔家的房子。

伊斯雷尔清楚地知道比尔家没有养狗，知道这栋房屋内没有装任何报警器，也知道这栋房子的哪个地方更适合潜入。潜入比尔家以后，伊斯雷尔先用钳子剪断了他家的电缆线和电话线，这样一来，比尔家就一定不会向外界传递出任何消息了。

伊斯雷尔借着手电筒发出的亮光，慢慢摸到了客厅，他顺着楼梯悄悄向比尔家的卧室走去。犯罪心理画像专家认为，从伊斯雷尔娴熟的作案手法来看，类似的情况一定在其他地方上演过，当他决定行窃而不是杀人的时候，他就会拿走所有能够找到的财物，然后潜逃，但如果他想要杀人，等待被害人的只有死亡。

伊斯雷尔悄悄摸到了比尔的卧室外，隔着房门，他都能听到比尔沉睡时发出的呼吸声。杀手十分兴奋，似乎一切都在他的掌控之中，这也正是他所追求的致命快感。伊斯雷尔打开比尔卧室的房门，他看到比尔和洛林只盖了一床被单，两个人睡得正熟。伊斯雷尔得意地回头看了一眼挂在墙头的时钟，凌晨 3 点，这真是一个杀戮的好时间。

犯罪心理画像专家认为，伊斯雷尔精心策划的这次行动显然不仅仅是为了杀死比尔夫妻，他应该还想要获得足够多的现金。如果伊斯雷尔打算继续搭乘飞机飞往各地，想要付租车钱、打车费，那他就必须有一份高收入的工作，但杀手显然是不会勤奋工作的，因为他们完全可以在杀人之余获取足够多的金钱。

犯罪心理画像专家认为，假设一名入室歹徒在杀人之前努力找钱，那被害人得以生还的可能性就会大大增加。伊斯雷尔在比尔家找钱的举动其实是有助于阻止他杀死被害人的，如果伊斯雷尔没有在比尔的家中得到足够的金钱，那他还可以用绑架来获得更多赎金，显然，伊斯雷尔正要这样做。

伊斯雷尔应该是陷入了某种经济危机，他非常需要得到一笔钱，他仔细搜查了比尔的卧室，但这儿并没有存放多少现金。于是，伊斯雷尔又弄醒了比尔夫妇，他用手中的武器威胁这对夫妻，严令他们不得吵嚷，然后他就用扎线带将被害人的双手捆了起来，又用破布堵住他们的嘴巴，最后命令他们下楼。

伊斯雷尔事先已经找好了一个谷仓，他准备将比尔夫妇关进这个谷仓，然后再设法从这对夫妇身上获取更多金钱。整件事情一直都按照伊斯雷尔设定好的路线发展下去，他似乎已经掌控了一切，如果这对夫妇还想活命，那他们就必须听从比尔的安排。

伊斯雷尔将这对夫妻带到农场，他先把洛林留在车内，然后将比尔押到谷仓，他将比尔捆在谷仓中的一把固定座椅上，然后准备回到车上将洛林也关进来。等到伊斯雷尔走出谷仓的时候，他竟然看到洛林已经挣脱扎线带，试图向外逃跑。伊斯雷尔急忙追了上去，60 多岁的洛林明显跑不过这个年轻力壮的杀手，她很快就被重新抓了回来。

伊斯雷尔将洛林押进谷仓，他发现比尔也弄坏了捆他的扎线带，这会儿他正冲着自己大声喊叫。此时，局面已经失控，比尔夫妇的行为也完全超出了伊斯雷尔的意料，这是他计划以外的事情，也是他不容许发生的事情。伊斯雷尔十分愤怒，他拿起一把铁锹狠狠地砸在比尔的头上，比尔登时倒地，他又掏出一把手枪，当着洛林的面杀死了比尔。

杀死比尔以后，伊斯雷尔又对洛林实施了性侵犯，然后将她勒死在谷仓内。被害人夫妇死亡后，伊斯雷尔用黑色的垃圾袋将他们的尸体装了起来，又把垃圾袋放到汽车的后备厢内。伊斯雷尔开车前往距离案发地几百公里以外的纽约州，他要在这儿将尸体处理掉。

犯罪心理画像专家认为，伊斯雷尔早在犹他州的时候就已经形成了非常可怕的人格。伊斯雷尔的父母是摩门教的教徒，他们决定让伊斯雷尔在家接受家庭教育，并举家搬到华盛顿乡村居住。所以，伊斯雷尔从小就很少与其他人交流，他几乎是在一个封闭的环境内长大，没有朋友，也没有参加过任何社会活动，但这些因素并不是他变成一个杀人恶魔的根本原因。

犯罪心理画像专家认为，在伊斯雷尔的成长历程中，他一定接触过一些极端事物，否则就无法解释他为何会以一个基督徒的身份参与白人至上的游行示威活动。调查发现，伊斯雷尔确实在搬到阿拉斯加后表现出了一些与种族歧视有关的暴力倾向。专家认为，不受任何人关注的伊斯雷尔注定会做出一些超乎人们意料的事情，这些事情可能好也可能坏。

美国军方认为伊斯雷尔这样的人是很好的，所以就让伊斯雷尔进入军队历练。他主要在路易斯堡服役，他在服役期间表现优异，并被授予了陆军成就奖。专家发现，伊斯雷尔曾在服役期间去过一次埃及，回到美国后他就退役了，此外他没有触犯过任何军规，专家不能肯定伊斯雷尔是否在前往埃及的时候遭遇过足以改变他一生的事情。

犯罪心理画像专家认为，看似普通正常的因素被无情地联系在一起，就很有可能会造就一种危险、邪恶的人格。伊斯雷尔有军事训练的经历，他接触过仇恨组织，他的军事技能非常出色，并养成了继续训练这些技能的习惯，他还喜欢研究和制造武器，他有着很强的逻辑思维，习惯看时间、按时间表行事。

伊斯雷尔被捕后，曾宣称自己患有双重人格，他表示这种精神疾病已经控制他将近 14 年的时间。从军队退役以后，伊斯雷尔就独自居住在阿拉斯加安克雷奇乡下的一个大湖旁边，他只有一栋可以遮风挡雨的小木屋，他有时候也会住在湖边的小船上，没有人知道他待在这儿，这让他很不容易被警方或者其他人追踪到。从此以后，伊斯雷尔开始了他的杀人生涯。

伊斯雷尔到底杀了谁？这是犯罪心理画像专家必须弄清楚的事情。起初，伊斯雷尔告诉警方他杀过 4 个人，但他并不告诉警方被他杀的人是谁，也不会说出埋藏死者的具体位置。犯罪心理画像专家认为，伊斯雷尔最初只在阿拉斯加作案，他告诉警方的这 4 起凶案应该就是在这个时候犯下的，但他很快就意识到只在阿拉斯加作案，是有很大风险的，他的行为很可能会将他暴露在警方的视野中，于是他萌生了跨州作案的想法。

从此以后，伊斯雷尔就会搭乘飞机前往其他州作案，作案结束后再搭乘飞机返回华盛顿。每次外出，伊斯雷尔都会选择使用现金，以避免留下任何电子消费记录，这也是他不断作案又不被警方抓到的重要原因。

伊斯雷尔不愿意告诉警方埋藏比尔夫妇的地点在哪，他的自控能力很强，他明确地告诉警方，他不想失去对事情的掌控。犯罪心理画像专家认为，伊斯雷尔痴迷孤独，这让他更加热衷于掌控他周围的环境，他需要这种掌控感。从军的经历让他进一步增强了自控能力，自控早已成了他生活中的重要组成部分。

犯罪心理画像专家告诉警方，只要能够找到伊斯雷尔埋藏凶器的地点，就能据此推断出他作案杀人的区域，并循此确定他到底犯了哪些凶案。伊斯雷尔并不阻碍警方的调查，他甚至会主动向警方提供一些足够重要的信息，但这些信息又是一些模糊的大致方位。比如：他会告诉警方，他曾将一些凶器埋在纽约州的某个湖旁或者某座山的山脚下。

犯罪心理画像专家认为，伊斯雷尔就是通过控制信息来延续他对整个局面的掌控，他似乎是想要借此控制某些信息的传播。专家调查发现，伊斯雷尔还有一个居住在尼亚湾的女儿，他应该是害怕这些消息传到她那里。

利用这一点，警方终于让伊斯雷尔说出了一些有用的线索。伊斯雷尔告诉警方他曾在新泽西州待过一段时间，警方马上准备了一系列失踪人口的照片让他指认，当伊斯雷尔看到一位名叫戴布拉·费尔德曼的妇女时，他的神情明显停滞了一下，似乎是在辨认着什么。

犯罪心理画像专家调查后发现，戴布拉是一个自甘堕落的瘾君子，她在当地流浪，靠卖淫换取生活物资并购买毒品。戴布拉的儿子曾恳求她回归正常的生活，但她反而向更加堕落的深渊走去，以至于她的家人都不愿与她多接触。瘾君子显然是很好下手的目标，更别提她的活动区域刚好就是伊斯雷尔埋藏凶器的地方。

警方还原了戴布拉遇害的全过程。2009 年 4 月 8 日夜，戴布拉在新泽西州哈肯萨克市的街道上漫步，伊斯雷尔正待在这座城市，他想要寻找一个合适的猎物。当伊斯雷尔驾车途经一条街道的时候，他注意到了正在街头游荡的戴布拉，这个流浪者看起来应该很容易被控制，他准备将她选为猎杀对象。

戴布拉完全不是伊斯雷尔的对手，她急需要钱，伊斯雷尔轻而易举地将她诱骗到汽车上，然后驱车离开市区。这辆车的后排座位上，放着的正是即将被他使用的杀人工具。戴布拉吸食了不少毒品，她神智不太清楚，只能隐约感觉到伊斯雷尔一直在开车。大约行进 100 公里以后，伊斯雷尔爆发了，他挥拳猛地将戴布拉击昏，然后用扎线带将她的双手绑起来，又对她实施性侵犯。

伊斯雷尔并没有急着杀死被害人，他连夜开车，将戴布拉带到纽约州的塔珀莱克。来到塔珀莱克以后，伊斯雷尔身上的现金已经用光，他准备在这儿实施一次抢劫。塔珀莱克镇上有一家小银行，这家银行周围比较空旷，平时很少有业务，但这也正好符合了伊斯雷尔实施抢劫的条件。伊斯雷尔先把戴布拉弄到塔珀莱克附近的树林中绑起来，然后赶往塔珀莱克，他在当地的这家银行实施了一次抢劫。

抢到钱财后，伊斯雷尔又回到森林中将戴布拉带走，并再次对她实施了性侵犯，随后用绳子将她勒死。戴布拉的尸体被丢弃在塔珀莱克附近，很可能是在附近的湖中，也可能是在山上的某处树林里。对于抛尸地点，伊斯雷尔依然拒绝向警方透露，他只是模糊地向警方传达了湖边弃尸的可能性。

犯罪心理画像专家认为，尽管伊斯雷尔一直试图掌控整个案件的审讯，但他已经明显产生焦虑的情绪了，这从他在审讯中一直不停地搓手就能看出。不过他还是很享受这种主导审讯节奏的感觉，也就是说，使他畏惧的可能是法庭审理的环节，他提供模糊信息其实就是为了延缓被法庭审判的时间。

犯罪心理画像专家还认为，戴布拉被害一案虽然没有让杀手原形毕露，但从他在实施谋杀计划的同时还策划抢劫银行的行为来看，伊斯雷尔已经开始逐渐失去自控能力了，他在心中十分认可他自创的杀人方法，这种杀人方法在杀手界是独一无二的。这种强烈的自信心很快就会让他露出破绽，这也是警方将他抓获的契机。

2012 年 2 月 1 日，伊斯雷尔回到阿拉斯加，据犯罪心理画像专家估算，至此，他至少已经杀害了 7 人。萨曼莎·凯尼格即将成为下一名受害者，她在安克雷奇附近的一个小咖啡便利店内上班，在工作的时候，她通常都到很晚才回家。

伊斯雷尔很了解萨曼莎的生活情况，他事先调查过咖啡便利店附近的环境，他很清楚什么时候这个地方的客人最少，什么时候最适合作案。2 月的阿拉斯加很冷，一场大雪给伊斯雷尔带来最好的掩护。案发当晚 8 点钟的时候，伊斯雷尔来到咖啡便利店的售货窗口，他隔着窗口点了一杯咖啡，萨曼莎开始忙碌，咖啡便利店内的监控录像将接下来发生的一切全部记录下来。

在萨曼莎冲咖啡的时候，伊斯雷尔正悄悄地打量着周围的环境，看一看是否有人能够看到这里的情况。咖啡很快就冲好了，伊斯雷尔又让萨曼莎在咖啡里加了一些东西，萨曼莎回头调制饮品，她并没有感到任何异常。

调制好咖啡以后，萨曼莎把咖啡递给站在咖啡便利店外的伊斯雷尔，然后她侧了侧身体，靠在身后的咖啡桌上等着收钱。就在这时，她忽然举着双手向后急退，但很快，她就又惊恐万分地对着售卖窗口不动了，显然伊斯雷尔用手枪威胁了她。

伊斯雷尔告诉萨曼莎他清楚地了解这里的一切，他让萨曼莎听话，否则就会杀死她。伊斯雷尔要求萨曼莎将咖啡便利店内的电灯关掉，然后让萨曼莎在售卖窗口下面的小柜子旁蹲着。伊斯雷尔借着这个机会再次打量周围的环境，他要确认没有其他人待在附近，如果有人在，他就会放弃这次行动。

伊斯雷尔在威胁萨曼莎的时候表现得很平静，他的这种平静让萨曼莎不敢产生其他想法，面对这种冷静的杀手，萨曼莎只能选择屈服，对萨曼莎来讲，她只能寄希望于服从杀手的命令，按他告知的事情去做。犯罪心理画像专家认为，伊斯雷尔应该早就预测到了现在的这种情况，他知道自已越冷静，被害人就会越听话。

在确定周围没有其他人以后，伊斯雷尔让萨曼莎将钱柜内的所有现金取出来，让她把这些钱全部放到垃圾袋内，然后让她坐在咖啡便利店外边的斜板上，伊斯雷尔又给她披上了他的外套。伊斯雷尔顺着售卖窗口爬进了咖啡便利店内，他似乎没有注意到装在咖啡便利店内的监控摄像头，他开始狂性大发。

伊斯雷尔命令萨曼莎躺在地板上，然后用扎线带将她的双手绑上，伊斯雷尔仔细地检查了钱柜，在将所有的现金全部装好以后，他拖着萨曼莎从咖啡便利店的后门走了出去，然后开车离开了。这是伊斯雷尔第一次在家门口作案，之前他从来都没有犯过这种低级错误，而且他还不小心在案发现场遗留了一根印有指纹的扎线带以及萨曼莎的手机，而且咖啡便利店内的监控录像也如实地记录下了他作案的全部过程。

直到伊斯雷尔回到家以后，他才发现了这些问题，他不得不再次将萨曼莎关进汽车后座，他准备带着萨曼莎返回咖啡便利店取走罪证。在返回咖啡便利店的时候，伊斯雷尔为了掩盖萨曼莎的呼叫声，还特意将车载音响开到最大，他异常冷静地回到作案现场，拿走了遗漏在案发现场的证据。

犯罪心理画像专家认为，18 岁的萨曼莎并没有让伊斯雷尔产生任何怜悯情绪，即便是他有一个和萨曼莎差不多大的女儿。对伊斯雷尔来说，他只是为了成功完成杀人的目标，并在杀人后顺利逃脱惩罚，杀死谁和怎样杀死都是无关紧要的事情。

取走证物以后，伊斯雷尔原路返回，他又一次将萨曼莎带回他的房间。第二天，伊斯雷尔让萨曼莎放轻松，他说他只是想要一点赎金，等到萨曼莎的家人把钱送来以后，他就会把她放了。伊斯雷尔食言了，他强奸了萨曼莎，然后又用一根绳子将她活活勒死。伊斯雷尔将她的尸体丢在这个小木屋内，他准备上演另一出好戏。

伊斯雷尔事先就向工作的地方申请了这天以后的假期，他准备消失一段时间，外出旅游就是他杀人抢劫的另一个目的。伊斯雷尔起初确实想通过萨曼莎的家人获得一笔赎金，他想要用这笔钱去旅游，但他清楚地知道萨曼莎的家庭并不富裕，于是他又想了一个办法。

萨曼莎失踪以后，当地警方立即展开了调查，他们还发布了悬赏通告，但案子的调查进展十分缓慢。几个星期过去了，萨曼莎的家人突然收到了一条短信，这是一条勒索短信，短信是通过萨曼莎的手机发送的，勒索者向萨曼莎的家人索要3万美金，并在短信中附上了一张萨曼莎读报纸的照片。

原来，伊斯雷尔刚刚结束他的旅行，回到家以后，他又想到了一个索要赎金的好主意。由于天气寒冷，萨曼莎的尸体并没有遭到损毁，伊斯雷尔把萨曼莎放到椅子上摆正，又在她的手上放了一张报纸，将萨曼莎的尸体伪装成一副她还活着而且正在看报纸的假象。伊斯雷尔试图利用这个假象向萨曼莎的家人收取赎金。

萨曼莎的家人没有这么多钱，他们向公众求救，筹集了3万美金，并将这笔钱打到了萨曼莎的银行账户上。萨曼莎的家人并不清楚，萨曼莎其实早在几周前就已经遇害了。伊斯雷尔的计划很完美，但他已经在作案的过程中出现失误，警方早就监控了萨曼莎的银行账户，一旦伊斯雷尔取钱，警方就能确定他所在的大致范围。

没过多久，伊斯雷尔在得克萨斯州拉弗金公路上超速行驶，公路巡警立即将他逮捕。巡警在伊斯雷尔的车内找到了被害人萨曼莎被盗用的银行卡和她的手机，警方立即以涉嫌杀人的罪名将其拘留。

在审讯期间，伊斯雷尔一直试图掌控局面，他不断地挑逗警方，向警方提供一些具有迷惑性的线索。犯罪心理画像专家认为，像伊斯雷尔这种接受过严格军事训练的人一般都会有记事的习惯，所以警方可以在他的笔记本或电脑中查找线索。

警方马上调取了伊斯雷尔的电脑信息，他们果然在电脑中找到了一些线索，这也让整个审讯的主从关系发生了扭转。伊斯雷尔似乎想要松口，他要求警方将他送到有死刑的州进行审判。审讯在进行了 48 小时后暂时中止，伊斯雷尔被收押，但他再次试图重新掌控自己的命运，他选择自杀。

伊斯雷尔用一把偷偷带进来的锐器划开了左手静脉血管，并用监狱中的床单上吊自杀了。伊斯雷尔用死亡重新掌控了自己的命运，再也没有人可以搞清楚他在 2001—2012 年间到底杀害了多少人。

犯罪心理画像专家推测，伊斯雷尔应该在 2001—2006 年间于阿拉斯加杀害 4 人，被害者身份不详，在 2009 年于新泽西州哈肯萨克杀害戴布拉·费尔德曼，在 2011 年于佛蒙特州杀害比尔、洛林夫妇，在 2012 年于阿拉斯加杀害萨曼莎·凯尼格。

【背景知识】

组织型个性和无组织型个性

在调查凶案及对凶案资料进行分类的时候，犯罪心理画像专家都会将凶手分成组织型个性者和无组织型个性者两类。所谓组织型个性者有一个最大的共性，就是这类凶手都会有计划地实施犯罪。组织型个性者所做的案件全部是有预谋的凶案，这些凶案并非以随机的形式出现。

幻想是组织型个性者作案的源头，很多组织型个性者都会在有过多年的幻想经历后才会动手作案，此时作案者的幻想世界中已经形成了被害人的形象模板。组织型个性者的被害人大都是陌生人，这些人之所以会成为被害者，主要是因为他们的某些情况恰好符合了罪犯幻想世界内谋杀对象模板的特征。

由于组织型个性者早在作案前就已经设计好了作案目标和作案方法，所以他们就会很快进入角色，按照幻想世界中计划好的方法接近被害人，获取被害人的信任并对他们实施终极操控——掌控被害人的生命。

无组织型个性者在作案时是毫无逻辑可言的，他们对被害人的身份以及特征毫无兴趣，他们作案手法大多是即兴作案，以至于这类作案者往往会选择错误的目标，被害人在被攻击后也常常激烈反抗，与作案者进行搏斗，在作案者的手臂或身上留下伤痕。这类作案者也是非常凶残的，他们往往会在作案以后肢解被害人的尸体或者将被害人的面目毁坏。

第四章

背包客杀人狂

警方在研究连环杀手的时候，通常都要将杀手的作案手法和“杀人标记”区别对待。因为杀手的杀人手法可以随着他一次次不断地行凶变得越来越熟练、缜密，所以连环杀手前后杀人的方法可能会有些不同，但这只能证明凶手在不断改进杀人方法，整个杀人“套路”还是基本一致的。

1991 年 9 月 19 日，两名健身爱好者在澳大利亚贝朗吉罗森林公园内跑步，这个大型国家公园距离悉尼市区约两个小时的车程，是一座纯天然的生态园林。突然，两名晨练者被一阵恶臭熏到了，他们小心翼翼地向着传来恶臭的方向走去，在那里，有一个惊天大案即将被世人知晓。

在 20 世纪 90 年代，澳大利亚一度成为“背包客”眼中的天堂。在当时，所有的“背包客”都以能够去澳大利亚进行徒步旅行为荣。为了招待这些从世界各地赶来的“背包客”，澳大利亚也兴起了许多专门给他们服务的旅店，在这些旅店里，“背包客”们会偶遇、结伴或者相互交流、分享徒步旅行的经验。

1991 年，乔安妮·沃特斯和卡洛琳·克拉克从英国赶到澳大利亚，她们下榻在悉尼国王十字旅店，乔安妮是威尔士人，她性格乐观开朗，尤其热爱旅行，卡洛琳也是如此，她们二人一见如故，相约一同背包旅行。

1991 年 4 月 10 日，卡洛琳和乔安妮决定去一个乡村小镇待两天，在赶往目的地的路上，乔安妮用自己的单人帐篷与一名叫史蒂芬·怀特的“背包客”换了一顶三人帐篷。史蒂芬曾不小心用刀子在三人帐篷上划了一个小口，乔安妮用胶带将这个小口粘住了，胶带上还印着她用电脑打印的地址。

1991 年 4 月 18 日，卡洛琳和乔安妮决定乘火车周游澳大利亚，她们二人在凯苏拉站下车，准备搭车前往墨尔本。有目击证人称，曾在大洋路上看到过她们，但随后二人就彻底消失了。她们之后的遭遇是这样的：

卡洛琳和乔安妮在经过大洋路之后搭上了一辆四驱车。这辆四驱车的主人是一名身体强壮且相貌英俊的澳大利亚籍男子，他的车上播放着澳大利亚当时最流行的乡村音乐，他既热情友善又善于交际，很快就博得了两名年轻女孩的信任。在交谈的过程中，这个男人仔细地询问了女孩们一些问题，女孩们的防范意识很低，对这些问题都一一做出了答复，而这名男子则通过这些问题将女孩们的行踪和个人情况全部掌握清楚。在把一切都弄懂之后，恐怖的事情就要发生了。

这名自称比尔的司机突然沉下了脸，继续驾车向前行驶不久后，他就借口想要更换音乐磁带停下了车。虽然两名女孩都隐隐感到了有些不安，但她们并没有试图离开。结果，比尔拿出了一把枪，他用这把枪威胁乔安妮，让她用绳子将卡洛琳的手捆上，然后又亲自将乔安妮的手捆上。比尔一边用枪威胁两名已经被吓坏了的女孩，一边又谎称自己的意图是抢劫，只要她们配合，事后就会将她们放了。在死亡面前，两名女孩都选择妥协。

比尔继续向前开车，在途经柏丽马镇的时候，他把车开下了高速，沿着波尼路向贝朗吉罗森林公园深处开去。到达森林深处以后，比尔将两名女孩拖进了灌木丛中，他明确表示了自己要和女孩们亲热的意图，他给卡洛琳松了绑，并给她烟抽，卡洛琳一直抽了 6 支烟才稍稍冷静了一些。在这一过程中，比尔还一直说着安慰她的话，他试图让卡洛琳接受他的摆布。

时间一分一秒地过去，比尔要实施他的暴行了，他先让卡洛琳跪在地上，又取出了一块头巾给她戴上，然后拿起枪冲着她的头连续射击 6 枪，卡洛琳当场毙命。乔安妮吓得大声尖叫，比尔丢下枪，用毛巾堵住了乔安妮的嘴，然后又回到了卡洛琳身边，他先把卡洛琳头的位置调整了一下，然后又开了一枪，再调整一下位置，再放一枪，这种仪式化的动作被他重复了许多次。

这是一场病态的野蛮屠杀，暴徒极端冷酷且镇定，而他杀人的目的也仅仅是为了取乐，其他的一切罪行都只是附带的。连续射击 10 多枪之后，这名残忍的暴徒又在卡洛琳的背部开了一枪。做完这一切以后，他才将乔安妮拖向另一边，乔安妮拼命反抗，但也无济于事。在距离卡洛琳 30 米远的地方，凶手用匕首狠狠地刺中了乔安妮的脊柱，乔安妮当场瘫痪。

暴徒割掉了乔安妮的内衣裤，然后强暴了她。犯罪心理画像专家认为，暴徒的这种行为不仅仅是为了满足性欲，更多的是为了宣泄欲望、凌辱以及满足他的残忍、控制欲和虐待倾向。随后，暴徒又拿起匕首连续不停地刺乔安妮的身体，即使乔安妮已经死了，他依然不停地刺。

最后，暴徒气喘吁吁地停了下来，他在两名被害人的身上覆盖了一些树枝，然后就转身离开了。5 个月后，乔安妮的尸体被晨练者发现，随即警方又在不远处找到了卡洛琳的尸体，案发现场散落了大量的钱币和首饰，但死者的旅行装备却不见了。显然，这根本不是一起谋财害命的凶案。警方迅速立了案，并开始努力搜集证据。

澳大利亚著名刑侦专家罗德·弥尔顿博士也赶到了案发现场，他需要尽快对凶手进行心理画像。虽然时隔多时，但由于凶案现场的位置很偏僻，周围也少有人迹，所以整个现场的破坏并不算大。罗德博士在仔细勘察后断定，凶手的杀人动作是十分熟练的，他行凶时果断干练，在施暴的时候思维也很缜密，而且凶手十分享受施暴的过程，从某种程度上来讲，凶手一定是一个外表柔顺、内心残暴的人。施暴是凶手获得快感的途径，他愿意折磨被害人，只有在折磨被害人的过程中，凶手才会感到愉悦，这种快感会驱使他继续作案。

弹道学家卡罗仑·杰顿仔细分析了案发现场找到的子弹弹壳。卡洛琳的头部一共被击中 10 枪，这些子弹来自小口径自动步枪，这些子弹是分别从左侧、右侧和后侧射进她的头颅内。通过这些子弹壳，卡罗仑确定凶手在整个杀人过程中，只使用了一把枪，这把枪通常被称作“罗杰点 22 口径自动步枪”。

最关键的是，卡罗仑在修复子弹的时候发现这些弹壳上面有一些新月形的划痕，如果枪支消音器挡板的位置不正或者凶手使用了特制的枪栓，那么子弹在通过的时候就会留下这种划痕。尽管这条线索很有特性，但可惜的是，在澳大利亚境内，这种类型的枪就多达 5 万支，所以警方并不能借此迅速破案。

很快又有人在森林公园中找到了一个人类头骨，经警方确认，死者是 1989 年失踪的墨尔本本地人戴布拉·艾维斯特，死亡时间是 3 年前。警方的调查再一次还原了被害人遇害的过程：詹姆斯·吉普森和戴布拉是好朋友，1989 年夏，詹姆斯邀请戴布拉前往悉尼旅行，两人的父母最开始不希望他们背包旅行，但詹姆斯表示只要他们装成情侣就可以了。

詹姆斯在背包里装了摄像机和衣服、笔记本，两人乘上了火车，下车后，曾有目击证人证实两人乘坐了一辆四驱吉普车。犯罪心理画像专家推测，接下来发生的事情和上一次几乎完全一样，凶手先用友善的面孔将詹姆斯和戴布拉骗上车，然后在路上将两人控制起来，再偷偷带到森林中。在森林深处，凶手直接用一把匕首刺穿了詹姆斯的脊柱，戴布拉惊恐得大叫起来，她试图逃跑，但很快就被凶手按倒在地。

暴徒使用某种钝器砸碎了戴布拉的下颌骨，歹徒脱下戴布拉的紧身裤将她绑了起来，然后强暴了她。之后，歹徒刺了戴布拉很多刀，然后用这把沾满戴布拉鲜血的匕首刺死了已经失去行动能力的詹姆斯。事后，凶手在死者身上盖上了一些树枝，就转身离开了凶案现场。

第二天，有人在森林旁的小路上捡到了詹姆斯的照相机，但这名男子并没有想太多。1990 年 3 月，又有人在路边捡到了詹姆斯的背包，但警方并没有从森林中找到两个人的尸体。在此后的 3 年中，戴布拉和詹姆斯失踪一案也成了悬案。

布鲁斯·普莱尔是一名森林工人，他对发生命案的这片森林很熟悉，自从他得知这片森林里有被害人的尸体以后，他就会利用闲暇的时间前往森林搜寻，戴布拉的头骨就是他发现的。根据他的发现，警方又找到了詹姆斯和戴布拉的骸骨，但同时也将怀疑的目光转向了布鲁斯。此后，布鲁斯花了近小半年的时间才摆脱了警方对他的怀疑。

法医病理学家皮特·布莱斯特对两名死者的骸骨做了检查，确认了被害人是死于他杀。在詹姆斯的脊柱上，皮特发现了一道深深的划痕，凶手就是通过这一刀损伤詹姆斯的脊髓，使他瘫痪的。警方通过这一细节断定这两名受害者和上一起凶杀案是有关联的，而且被害人绝不仅仅只有 4 名，在这片森林中一定还有其他被害人。

警方虽然成立了专案组，但调查的进展十分缓慢，他们手中所掌握的证据非常少。同年 11 月 1 日，警方找到了第 5 具被害人的尸体，她的死亡时间大约在 21 个月以前。这具尸体是来自德国的 20 岁的年轻女孩西蒙尼·斯可尼尔，她同样是一个热爱旅行的“背包客”。

1990 年 9 月末，西蒙尼背着自己的背包来到澳大利亚悉尼，她非常有旅行经验，她的背包和睡袋都是特制的，她还有一个绿色的水瓶，上面写着她的昵称“西米”。在悉尼，西蒙尼给她的父亲打了电话，她的父亲还叮嘱她不要搭陌生人的车，并且告诉西蒙尼 1 月她的母亲会到达墨尔本。

1 月 22 日，西蒙尼动身去墨尔本，由于当天没有火车，她必须先乘大巴到达利物浦，然后再转车去墨尔本。有目击者证实，曾在利物浦看到过西蒙尼，但一转眼就不见了。西蒙尼就是在这儿搭上了杀手的车。显然是凶手主动提出捎她一程的，西蒙尼则被杀手和善的面孔蒙蔽了，她上了车，接下来发生的事情和上两起案件几乎如出一辙。

凶手将西蒙尼带进森林深处以后，就将匕首刺进了她的脊柱，然后强奸了她。由于凶手这次选中的“猎物”只有一个人，所以他很可能花费了一段较长的时间来玩弄他的“猎物”，最后他连续捅了西蒙尼4刀，把她杀害了。凶手用树枝将西蒙尼的尸体遮掩起来，然后就离开了犯罪现场。

西蒙尼的尸体被发现后，警方加大了搜寻力度，在11月11日这一天，再次找到了两具被害人的尸体。这两名死者分别是盖博·努季博尔和阿加·哈其德，他们是一对情侣，都喜欢背包旅行。

1991年圣诞节期间，两人来到了悉尼，他们在12月26日出行，二人选择了“背包客”经常选择的传统路线，先去利物浦，然后再去卡苏拉。在卡苏拉，两人遇到了一名外表友善的澳大利亚本地人，他开着一辆四驱车，并表示愿意载他们一程。盖博很强壮，他和阿加欣然接受了这名司机的邀请。

接下来发生的事情和前三次完全一样，凶手将他们控制住，带进了森林深处。犯罪心理画像专家认为盖博之所以没有做出反抗，很可能是因为凶手用阿加的安全威胁了他，为了不让女友受到伤害，盖博选择了服从。

到了森林深处以后，盖博和阿加也意识到了歹徒的真正意图，盖博拼命反抗，试图给阿加制造逃跑时间，但他很快就被歹徒用枪托击昏了，然后歹徒冲着他的头连开6枪，盖博当场死亡。阿加没跑多远就被歹徒抓到，他逼迫阿加跪在地上，然后拿出一把砍刀将阿加活活砍死。凶手将盖博的尸体拖到了距离阿加55米远的地方，他用树枝将尸体遮盖住，然后离开了案发现场。

在距离盖博尸体约60米远的地方，警方找到了一条带钱包的皮带，里面装着两个人的机票和旅行支票，距离尸体20米远的地方还放着捆过两人的绳子，阿加的牛仔裤被丢弃在150米之外，那里还丢着一些瓶子、绳索和子弹盒，子弹盒上还有编码，而这些线索将最终指引警方找到这个疯狂的杀人魔。

犯罪心理画像专家认为，尽管这几起案件被害人的致死原因各不相同，有的被射杀，有的被砍死，有的则遭到性侵犯，但专家在研究这些凶案的时候发现凶手所使用的作案手法是非常相似的，因此，他们断定悉尼正有一名连环杀手在疯狂作案。当警方将这个消息公之于众之后，当地的各大媒体就将这名杀手称为“背包客杀人狂”。

弹道专家杰拉德·达顿在犯罪现场找到了一些新的证据，他发现了两种弹壳，一种是温彻斯特弹壳，另一种是艾雷牌弹壳。在对这两种弹壳和射在树干上的弹痕做了一个详细的分析之后，杰拉德证实了这起谋杀案中凶手所使用的子弹和第一起谋杀案中凶手使用的子弹是同一种，这无疑直接证实了犯罪心理画像专家的推测。

没过多久，警方就设置了举报热线。公众纷纷向警方提供线索，由于线索太多，警方只能将线索输入到电脑中进行分析检索。分析结果很快就出来了，警方发现公众们在提供线索的时候经常会提到米拉特一家，这让警方开始重点关注这一家人。

经过调查发现，米拉特一家人是澳大利亚悉尼市当地人，但这家人很不合群，他们几乎不与其他人交往，这家人孤僻独处，他们对森林十分熟悉。米拉特一家有兄弟几个，而且这几个兄弟还十分热衷枪械，有几个还是当地枪械俱乐部的成员。在警方的记录中，这几个兄弟还有过与警察争吵的记录。

警方还接到了一个自称保罗·米勒的人打来的举报电话，这个人在电话里大肆谩骂、攻击他的同事，并且自称他清楚地知道谁是“背包客杀人狂”，他还告诉警方，其实死的人还有很多，只不过警方并不知道罢了。

经过调查，警方发现保罗的真实身份其实就是理查德·米拉特。

随后，警方又去当地枪械俱乐部调查持有罗杰自动步枪的人，而理查德的兄弟艾利克斯主动走上来搭话，他告诉警察，他曾看到非常可疑的一幕：那天，他正从国家森林公园旁边经过，突然有两辆四驱车从他身边冲了过去，他看着这两辆车拐进了森林，他还看到这两辆车内各有一名女孩，这两名女孩都被牢牢捆绑在车内，而且每辆车内都大约有 4 名男子。

犯罪心理画像专家认为，艾利克斯的话完全就是胡编乱造的假话。他的故事虽然细节清楚，但正是因为有这么清晰的细节，才显得他就是在撒谎。艾利克斯想要观察这么清楚，那他必须有非常强的观察力，且不说他是否有这样的观察能力，仅仅只看他这番话的含义，就意味着他想将警方的注意力从他们家身上转移开，而这显然是一个看似“很聪明”的昏招。犯罪心理画像专家断定，真凶就在米拉特兄弟中。

经过新一轮的调查，米拉特一家中的一个男人进入了警方的视线，这个人叫伊万·米拉特，他是艾利克斯的兄弟，从小迷恋枪支，并且在很年幼的时候就开始触犯法律。1971 年的时候，这个男人曾经绑架过两名女子，并且强奸其中一人，不过在庭审的时候，因为这两名女子受到过度惊吓，她们的精神状态濒临崩溃，并不能在法庭上指控伊万，所以使伊万成功逃脱了法律的制裁。此外，警方还发现伊万有一辆四驱车，这是一条极其重要的线索。

犯罪心理画像专家断定这个叫伊万·米拉特的人很可能就是“背包客杀人狂”。警方决定沿着盖博遇害现场发现的弹药盒上的编码进行调查，他们先联系到了位于维多利亚的子弹生产基地，从那里得知了可以在悉尼销售这种子弹的武器商店，并沿着销售记录找到了在悉尼地区销售这批子弹的商店，从商店那里，警方确认这批子弹曾卖给了一个叫伊万的人。

伊万是当地交通管理局的工作人员，这份工作可以让他自由前往各地，其中自然也包括这几起谋杀案的现场。最关键的是，警方发现在7名被害人遇害的这段时间内，伊万一直没有去工作。尽管越来越多的证据指向伊万，但这些都是间接证据，仅凭借这些证据是不能逮捕并起诉伊万的，警方需要更直接的人证或者物证。就在这时，重要的人证主动出现了。

原来，在第一起谋杀案发生后不久，一名叫保罗·奥尼恩斯的英国青年来到悉尼准备进行背包旅行。1990年1月25日，保罗决定搭车前往墨尔本，而他所搭的这辆车就是“背包客杀人狂”开的四驱车。和其他几起谋杀案相同，一开始凶手是非常友善且随和的，但当他从驾驶途中的闲聊中探知被害人的所有信息以后，他马上就要暴起发难了。

不过，这一次凶手遇到了麻烦，当他借口想要换磁带而停车的时候，早已察觉异常的保罗也跟着下了车，凶手急忙掏出手枪威胁保罗上车，但保罗瞅准机会逃到了公路上，凶手十分紧张，他不敢在公路上暴露手枪，也不敢开枪，虽然他将保罗扑倒了几次，但都被保罗挣脱了。后来，保罗拼命拦下了一辆汽车，顺利逃离了凶手的魔掌。

营救保罗的是一名澳大利亚籍妇女——肖安妮。当时，她开车载着女儿和儿子外出游玩，在搭上保罗以后，她清楚地看到了那名追赶保罗的歹徒的相貌，那个人还一直将一只手伸在腋下，当时这名男子显得有些犹豫不决，这才让肖安妮顺利逃离了险地。

接到保罗的报案之后，警方只将这起案子当成了一起普通的抢劫未遂案来处理，保罗也在办完手续后立刻返回了英国。三年半的时间过去了，保罗在收看电视节目的时候意外地看到了关于“背包客杀人狂”的报道，他马上意识到了，当初他遇到的那名歹徒很可能就是“背包客杀人狂”。保罗联系了澳大利亚警方，与此同时，肖安妮也给警方打了电话。

警方马上就将两人的证词联系到了一起，警方决定将保罗请回澳大利亚作证，保罗同意了这一请求。庭审之前，警方还向保罗展示了一卷录影带，这卷录影带中有 13 名带胡子男子的照片。伊万的照片也在其中，保罗连续指认了两遍，每次指认的都是 4 号嫌犯，而这个人就是伊万。

接着警方又从艾利克斯·米拉特和琼·米拉特的家中找到了一个背包，艾利克斯称这个背包是伊万送给他的，而这个背包正是西蒙尼的背包，这是警方现在掌握的唯一能够将伊万和“背包客杀人狂”联系在一起的铁证。1994 年 5 月 22 日，警方决定对米拉特一家的房产进行大规模的搜查。在这次搜查中，警方又相继搜出了大量枪支弹药和属于西蒙尼的绿色水壶，水壶上的签名被刮掉了，但警方使用红外线照射水壶的时候依然可以清晰地看到“西米”这个签名。

警方还找到一个枕头，这个枕头原本是属于保罗的。警方还找到大量露营装备和一些带有血迹的拉窗绳，经过 DNA 确认，绳子上的血迹是属于卡洛琳的。警方还找到了属于卡洛琳和乔安妮的睡袋以及那个被乔安妮用胶带粘好的三人帐篷，而且在伊万家找到的子弹和警方在犯罪现场找到的子弹代码是完全吻合的。

在伊万家，警方还找到了一个包裹，包里放的正是“罗杰点 22 口径自动步枪”的组件。弹道专家马上把这把枪拿到实验室进行实验，他们发现这把枪的枪栓有些独特，使用这把枪射出去的子弹都会带上新月形的刮痕，这与案发现场找到的弹壳是完全吻合的。

1994 年 5 月 31 日，警方以伊万·米拉特涉嫌杀死 7 名“背包客”的罪名将他告上了法庭。到了这一步，伊万的状态依然显得十分轻松，他根本不在乎自己是否被捕，也不在乎自己已经背上了杀死 7 名普通人的罪名，更不在意其他人会用厌恶的眼光注视他，在他看来，他仍然可以操控一切。

1996年5月27日，最终判决结果出来了，法庭判决伊万·米拉特杀害了7名“背包客”，绑架并试图杀害保罗·奥尼恩斯，他今后的生命都必须在监狱的铁窗中度过。在监狱服刑期间，伊万还曾尝试越狱，尝试绝食抗议，甚至吞过剃须刀片，后来伊万被隔离在古尔本监狱内单独接受看管。

至今，伊万依然在不停地向法庭申诉，他仍旧拒不认罪。犯罪心理画像专家认为，伊万之所以会这样做，完全是因为他内心中的超强控制欲在发挥作用，他依然坚信自己能够脱罪，可以将法官和其他人玩弄于股掌之间，对伊万来说，一旦认罪就意味着他将失去控制他人的砝码，失去脱罪的机会，而其他人也不会再对他感兴趣了。

而且，米拉特一家也坚称伊万是无辜的，针对这种情况，犯罪心理画像专家认为，这主要是人们否定既定事实的本能在发挥作用，家庭成员否定家人犯了法，这从表面上看似乎是象征着家庭团结，其实不然，他们的这种行为只能让伊万错上加错，这就是在纵容犯罪。

【背景知识】

寻找犯罪特征

自从进入19世纪以后，警方就意识到他们可以从一些惯犯的犯罪手法中判断出犯罪者的身份。于是，有经验的警探便率先开始整理犯罪者经常使用的犯罪方法，并从中找出具有代表性的犯罪手法，用今天的话来讲，这种行为就是在寻找犯罪特征。一般情况下，警方在处理普通案件的时候，可以通过研究犯罪者潜入室内的方法、开锁的方法、犯罪时所使用的工具以及犯罪时使用的爆破方法来观察并确定犯罪者的真实身份。

一旦涉及命案，警方就可以通过观察罪犯诱骗被害人的方法、杀死被害人的手法、凶手在案发现场留下的物证、目击人证的描述以及罪犯所使用的凶器和是否企图分尸、用何种手法分尸，来研究凶手的行为、性格及犯罪目的。

如果是连环凶杀案，凶手在作案的时候一般都会沿用特定的杀人、作案方法，而且凶手所选择的杀害对象也一定有相似的地方，有些连环杀手在杀人之后还会在案发现场留下独特的“杀人标记”。

警方在研究连环杀手的时候，通常都要将杀手的作案手法和“杀人标记”区别对待。因为杀手的杀人手法可以随着他一次次不断地行凶变得越来越熟练、缜密，所以连环杀手前后杀人的方法可能会有些不同，但这只能证明凶手在不断改进杀人方法，整个杀人“套路”还是基本一致的。

连环杀手留下的“杀人标记”在很大程度上只是为了满足他的个人需要，“杀人标记”与犯罪的本身并不相关，但警方可以通过“杀人标记”来分析凶手的杀人动机。

第五章

死亡三角杀手

从常规意义上来讲，大部分连环杀手都是性变态，而这种性变态表现在各个方面。由于这些杀手的性观念已经扭曲，他们对性的看法与正常人完全不同，所以这些人获得性快感的手法也各不相同，比如，有些杀手会对着死者手淫来获得性快感，有的则在“猎杀”过程中获得，有的则会按时返回作案现场，以回忆杀人细节而获得性快感。

1987 年 8 月 8 日，法国农民马赛尔·兰特正在阿兰阔特镇旁的一条乡间小路上遛狗，突然，这只白色的大狗发起狂来，它直接冲进了小路旁的树林中，马赛尔一边大声喝止，一边急急忙忙地跟了过去。冲进密林中之后，马赛尔发现自家的狗正冲着林中的一块空地狂吠。马赛尔走上前大略一看，他就发觉这块地明显有翻动的痕迹，他迟疑着用手拨了拨，这一拨竟然拨出了一具被害人的尸体。

马赛尔登时吓得魂不附体，他急忙逃出了这片密林，然后拨通了报警电话。警方迅速赶到，他们将被害人的尸体从浅土坑中挖了出来。经过初步检查，警方发现被害人身上没有钱夹，没有现金，也没有任何可以指明身份的证件。法国警方暴力犯罪科的探长雅克·布心负责此案的调查。现在，警方已经对这起凶杀案有了一个初步推断。

警方初步认为，这是一起普通的抢劫杀人案，凶手在树林中将被害人杀死，然后取走被害人身上的财物，为了掩盖杀人证据，凶手将被害人的尸体掩埋在浅土坑中。凶手选择埋人的树林的另一侧就是当地的一条主要高速公路，因此凶手还可能有一辆车，但是这条公路旁的灌木丛很多，所以警方并不能据此分析出更多有用的信息。

被害人的尸体很快就被送到了法医工作室。在这里，法医将还原被害人被害及死亡后发生的一切。被害人是一个年轻的白人男性，年龄大约在 20 岁上下。被害人尸体右耳后已经腐烂生蛆，这说明他已经被埋了有 4 ～ 5 天的时间。被害人的脖颈处有一道水平的青紫色环状勒痕，勒痕宽度不足一厘米，显然被害人是被凶手暴力勒杀的，而凶器很可能是一条绳子。

根据法医提供的初步数据，警方将怀疑的目光放在了一个活跃在法国北部的盗窃团伙身上，这个团伙经常袭击在北部地区搭便车的年轻人。当时，警方手中恰好掌握着与这个团伙有关的线索，因此他们向上级申请了搜查令，但突击搜查的结果显示，这个盗窃团伙和这起凶杀案并没有关联。

就在警方努力调查的时候，进一步的尸检报告出来了。报告显示，被害人在死亡前并没有任何挣扎行为，死者的内脏也没有出现损伤，脸部、头部也没有伤痕，只有在双臂上有一块大约两厘米大小的奇怪擦伤。被害人怎么可能在被他人杀害的时候依然不做反抗？法医初步断定，这两处伤痕很可能是凶手捆绑被害人双臂时留下的擦痕，这也就解释了被害人为何在面临死亡的时候不做任何挣扎就被杀害的疑问。

随即，法医提供的线索再次引出了一条新的猜测：这起凶杀案很可能并不是一起随机抢劫杀人案，凶手杀人是有着明显预谋的，凶手先设法将被害人捆起来，然后在满足自身欲望之后将被害人勒死。如果是这种情况，那警方就应该尽快确定被害人的真实身份，只有这样才能找到新的调查线索，尽快将凶案侦破。

在当前的情况下，警方想要确定被害人的身份，唯一可行的方法就是核对牙医记录。法医专家发现被害人的口腔内缺少一颗牙齿，还有一颗牙齿被劈成了两半，虽然这两个特征都不是凶案所致，但这也让牙医记录失去了应有的作用。幸运的是，在警方的再次侦查中，他们从案发现场找到了一张名片，通过这张名片，警方终于确定了被害人的身份。

死者是一名 19 岁的爱尔兰人，他叫特弗雷 · 奥基弗，当时正在法国北部旅游。经过调查，警方确定案发前特弗雷是和朋友们一同待在法国波利尼城的。8 月 3 日，特弗雷告诉他的朋友们说他要搭便车去加莱，想要从波利尼城赶到加莱，就必须经过圣昆汀。在这些线索的帮助下，警方马上展开了新一轮的调查。

但就在这时，另一起发生在 5 年前的凶案再次进入了警方的视线。当时，一名叫奥利维尔·唐纳的被害者，他的尸体被凶手埋藏在马伊勒康附近的森林中，这处埋藏点距离埋藏特雷弗的地方约有 130 公里。当警方发现奥利维亚的尸体时，他已经死了将近一个月的时间了。死者的尸体腐烂程度很高，他的头部爬满了大量蛆虫，这就意味着，在死者死亡前这个部位上聚集了大量血液，因此警方推断死者很可能是被凶手勒死或闷死的。

犯罪心理画像专家认为，这两起凶杀案之间确实是有联系的，不论是凶手的杀人套路还是杀人手段都极为相似，而且凶手处理尸体的方法也很雷同，在排除有他人模仿作案的情况以后，这两起凶杀案极有可能是一个凶手或者一个犯罪团伙所为，这也就意味着在法国北部很可能有一名连环杀手正在活动，如果警方不能尽快破案，这名杀手还会继续实施杀戮，警方再次从树林中发现尸体，也只是时间问题。

就在警方努力调查的时候，警方在马蒂尼抓捕了一名瑞士凶手——米歇尔·佩里，他涉嫌绑架、强奸及先后杀害 4 名搭车的年轻人，这几起案件中有一起就发生在法国南部。因为奥利维尔和奥基弗被害的地点距离瑞士边境只有几百公里，因此法国警方也赶到瑞士参与了此次调查。

在这次调查中，凶手表示他会事先做好杀人的准备，然后再挑选体型、样貌优秀的年轻人，如果“猎物”是他喜欢的，他就会将这些年轻人骗上车，把他们带到僻静的地方，最终玩弄并杀死被害人。在问及这名杀手的杀人动机时，杀手表示他只能这样做，因为他不想留下线索而被警方抓捕。

尽管看起来米歇尔似乎就是法国警方正在寻找的真凶，但犯罪心理画像专家认为，真凶并不是他。专家们发现，米歇尔所犯的那些凶案，死者的尸体几乎全部都遭到了极其暴力的摧残，被害人的尸体损毁严重，而且有些还被凶手用火焚毁。但法国北部发生的两起凶案，死者的尸体都保持完整，凶手也没有用暴力手段损毁被害人的尸体，而且还会将被害人的尸体掩藏在浅土层中，如此强烈的反差，显然证实了两个案件并不是同一凶手所为。

法国警方在犯罪心理画像专家的建议下，开始调查近期失踪的其他年轻男性。很快，警方就找到了一批被军队除名的“逃兵”，警方将这些人称为“穆尔墨隆的失踪者”。这批失踪者共有 5 人，他们分别是帕特里斯·杜波依斯、瑟其奇·哈维特、曼纽尔·卡瓦略、帕斯卡·萨金特和帕特里克·加切。这些人都是年轻的军校训练生，他们从 1980 年 1 月起失踪，而且他们失踪时都曾搭了便车。

这 5 名失踪者中的 4 名曾在穆尔墨隆军事基地接受训练，而另一个则在马伊勒康军事基地，这些年轻人都在服义务兵役，这也是当时法国法律的要求。对于这些已经失踪的年轻人，军队的态度很恶劣，他们拒绝用失踪这个词来称呼这些已经消失的士兵，在他们眼中，这些义务兵就是“逃兵”。

此外，有一名曾经去过穆尔墨隆参观的年轻人——帕特里斯·丹尼斯在 1985 年的时候也失踪了，警方决定将这些失踪人员放在一起进行调查。与此同时，犯罪心理画像专家开始通过警方所提供的线索对凶手做犯罪心理画像。

犯罪心理画像专家认为，凶手应该是一名军人，而且他至今仍在服役。在此人的生命旅程中，他可能遭受了很严重的挫折，这个挫折可能发生在服役时的军人生涯中，也可能发生在以前的生活中，这些严重的负面挫折让他的内心产生扭曲，并使他有了变态的暴力倾向。凶手的性取向显然是有问题的，他是一个同性恋，而且凶手性格孤僻，没有朋友，他孤独且危险。

对连环杀手来讲，幻想是他们作案的动力来源，假设凶手幻想出了一种人，而他们又有机会选择这种人，那么这种人就会成为连环杀手的谋杀目标，而法国北部失踪的这些人显然符合连环杀手的幻想。

几乎所有的受害者都是在周四或者周五晚上失踪，这些人几乎都是在公路边失踪的，而且这些人失踪的地点总是在兰斯公路、穆尔墨隆公路和麦里·勒·凯姆坡公路这三条公路上。在地图上，这三条公路刚好构成一个三角形，因此当地媒体就将这片公路称为“死亡三角”，而制造这一连串凶杀案的连环杀手也被称为“死亡三角杀手”。对犯罪心理画像专家来讲，这片三角形的区域正是凶手的“猎场”。

犯罪心理画像专家还认为，在这起连环杀人案中，凶手之所以会选择两名不是现役军人的年轻男子，其原因就是这两名男子的身形、体貌和其他失踪者相似，而且两人遇害的地点也在杀手的“猎场”之中。尽管警方发现的被害人尸体是没有遭到凶手性侵犯的，但这并不等同于凶手没有从杀人行动或“捕猎”行动中获得性满足和性发泄。

一般意义上来讲，连环杀手获得性满足的定义与常人是不同的。像发生在法国北部的这起连环凶杀案，凶手就可以通过被害人的体貌来获得性满足，也可以在杀死或者控制被害人的时候获得性满足。凶手在杀人或“捕猎”时所获得的这种满足感尤为强烈，从某种意义上来说，决定一个人的生死，就是最高级别的控制。

1987 年的冬天，警方终于掌握了新的线索。沿着公路搜寻的法国宪兵队在德湖附近发现了奥基弗的背包和一些散落在四周的衣物，警方随即将调查的重点放在德湖附近的一个小镇上。很快，他们找到了一名嫌疑人，这个人刚刚经历了失败的婚姻，他曾在 8 月去过波利尼城，而且他返回小镇上的时候衬衫上带有血迹，他还威胁已经离异的妻子，不要将他的事情告诉警察。

警方经过调查，发现这个人没有当过兵，也没有任何有关性暴力的记录，这显然是与犯罪心理画像专家所做的画像不符，这也就引出了新的猜测：是否是这个人因为婚姻的失败而绝望愤怒，在这种情况下他偶然遇到了奥基弗，然后暴起发难杀死了他呢？如果这一猜测成立，那么之前犯罪心理画像专家所做的所有推测将全部被推翻。

不过，警方的这种推测很快就被推翻了。通过 DNA 检测，分析部门确认了这个人衬衫上的血迹并不是奥基弗的。这让警方的调查重新进入了停滞期，他们必须寻找新的线索，或者在这个时间内等待新的罪案出现。

1988 年 8 月 9 日，一年的时间过去了，警方在这一天终于掌握了新的线索。当天，警长安德烈·内让同事在梅肯镇例行巡逻的时候看到了一辆停靠在小路边树林旁的可疑露营车，安德烈决定去一探究竟。

警车开进小路的一瞬间，那辆停在林边的露营车马上就启动了，它试图从警车一旁冲出去，安德烈将警车横置在路中央，把露营车挡住了。在看到露营车司机并没有做出更过激的行为之后，安德烈和同事下车，他准备查看一下露营车司机的证件。

在同事查看露营车司机的证件时，安德烈绕着露营车仔细查看。露营车的车窗内装有窗帘，窗帘已经拉上，但安德烈还是透过窗帘的缝隙看到了异常情况——车身内好像躺着一个人。一开始，安德烈以为车厢内藏着的是司机的盗窃同伙，他掏出手枪，疾步冲到另一侧的车门处，猛地将车门拉开，但他惊诧地发现，车厢内躺着一名被铁链锁着脖子的年轻人。

安德烈马上就意识到这件事情很不寻常，他勒令露营车司机将这名年轻人放下车。这名露营车司机虽然显得很紧张，但他却谎称这名年轻人只是一个搭车人，他在车上休息得很好，并不想将他放下车。安德烈让同事将露营车司机口中所谓的搭车人解救出来，这名露营车司机眼看自己不能阻止事情的发生，只好再次改口称自己和这个年轻人是在这里约会，而且他还以军人的荣誉保证，他和那名年轻人并没有做其他的事情，只是在这个不恰当的时候被警察发现了。

安德烈做了初步了解之后，得知这名年轻的搭车人叫帕拉兹·法威，是一名匈牙利人。帕拉兹声称自己和露营车司机没有任何关系，他原本只是想要搭便车，但露营车司机却将他制服了，并且想要杀死他。安德烈并不能判断出两个人到底谁在说谎，但他可以将二人带去警局，在那里仔细分析后再做论断。

这名露营车司机的名字叫皮埃尔·查纳尔，他是一名法国职业军人，曾经参加过黎巴嫩战争。由于皮埃尔作战时十分勇敢，总是冲锋在前，所以法军军部还先后授予他 4 枚勋章，最关键的是，皮埃尔还曾担任过穆尔墨隆的新生训练教官，这让警方马上就联想到了近期发生在穆尔墨隆的连环杀人案。鉴于皮埃尔的军人身份，警方在逮捕他以后，就立即和军方取得了联系。

军方派来专员专门处理此事，在审讯期间，军方就穆尔墨隆失踪的训练生一事展开了问询。皮埃尔对这一问询十分警惕，他坚称此事与自己无关，只要整个谈话中涉及穆尔墨隆，他都会拒绝发言。整个审讯过程都被犯罪心理画像专家看在眼里，专家认为皮埃尔表现得十分自信与戒备，他的言辞闪烁，每当需要解释的时候他的面部肌肉就会不受控地抽搐起来，而且他在讲话时还曾连续不断地眨动眼睛。皮埃尔的动作告诉专家，他一定是在隐瞒某些实情。

专家认为，皮埃尔很可能就是警方正在找的真凶。警方在和军方达成统一意见之后，决定暂时关押皮埃尔，并趁机搜查皮埃尔的露营车。尸检专家使用了近两天的时间，将露营车内的每一个角落都仔仔细细地搜查了一遍，他们希望能够找到与凶案有关的线索。警方在车内找到了几个情趣玩具，许多绳索、铁链、皮带、带有泥土的铲子和32条男性内裤。其中一条内裤明显是属于英国人的，因为内裤上面有马克思和斯宾塞的标签，而且这条内裤的尺码较小，显然不是皮埃尔所有。

在军方的允许下，警方又搜查了皮埃尔的营房，营房内的装饰很简单，警方在这里找到了大量码得整整齐齐的男士内裤以及藏在床下的几盘黄色录像带和一个摄像机。摄像机内保存了一段视频，皮埃尔说这段视频是他在8月3日去凡尔登时拍摄的，他想用这个录像带证明奥基弗遇害时他是不在场的，但警方发现录像带中的士兵出场时间应该是8月10日以后。谎言被揭穿后，皮埃尔又称奥基弗被杀害的时候他正在枫丹白露基地，但这个说法很快又被警方揭穿。

1989年3月17日，正式的审讯即将开始了，警方为此准备了611条问题，他们认为这些问题的答案将揭穿皮埃尔的所有谎言。警方的想法很美好，但审讯一开始，皮埃尔就变得十分暴躁，他拒绝回答审讯官提出的任何问题，甚至还在提问中大发雷霆，将审讯桌踢翻在地。皮埃尔的这种行为让整个审讯变得毫无进展。

犯罪心理画像专家认为，皮埃尔这样的人是不能以常规的审讯方式来对待的，从某种程度上来讲，这种人更像是一个病人，他们需要的是认同、感化和帮助，而不是逼问，逼问不可能起到警方想要得到的效果。由于采用了错误的方法，警方安排的这场审讯毫无所获，并且在法国法律的约束下，他们也失去了再次审讯的机会。

1990 年 10 月 23 日，皮埃尔因为试图绑架匈牙利少年帕拉兹而被送上法庭，法庭宣判皮埃尔有罪，判处他 10 年监禁。1995 年 6 月 19 日，皮埃尔因为在狱中表现良好而被提前释放。在这 5 年间，警方依然没有获得任何新的线索，尽管在此期间，不断有被害人家属指控皮埃尔，但却没有任何直接证据能够证明他就是杀人真凶。

出狱后，皮埃尔还借用新闻媒体，宣称自己是无辜的。皮埃尔的整套言辞讲得滴水不漏，这让社会舆论开始转向，很多人开始同情他，有些人甚至将矛头指向司法系统，而所有曾指控过皮埃尔的被害人家属也被置于十分不利的位置上。很快，司法部就派遣了新的法官前来处理此案，这名法官将处理凶案的重点放在了 5 年前法医搜集的证据上。

警方将法医从露营车内采集到的 600 多根毛发和大量皮屑送到了 DNA 化验部。经过专业的 DNA 检测，工作人员在这些毛发中共发现了四种 DNA，其中一种是皮埃尔的，而剩下三种则分别属于被害人加切、丹尼斯和法威。检验专家又化验了那把铲子上的泥土，他们发现这把铲子上的泥土成分和埋葬奥基弗死尸处的泥土成分是完全相同的。

为了顺利解决这起凶案，警探瓦里恩特还专门请教了美国联邦调查局的一名精英特工吉姆·奈特。吉姆详细了解了瓦里恩特遇到的问题，他同样认为皮埃尔就是制造这一连串凶杀案的真凶，而像他这样的连环杀手一般只会有两种下场，一种是被警察逮捕，一种是自杀身亡。

2003 年 10 月 14 日，皮埃尔再次被送上法庭，但皮埃尔先是用绝食来表示抗议，他拒绝出庭，长时间的绝食让他的身体变得很差，他被警方送进了医院。在医院内，皮埃尔偷偷藏了一个剃须刀片，他在审讯开始后的第一天晚上，偷偷用刀片划开了自己大腿上的股动脉。当警方发现异常的时候，皮埃尔早已因失血过多死亡。

虽然皮埃尔的死亡让发生在法国北部的凶杀案就此终结，但对于被害人的家属来说，正义并没有得到伸张，这也是他们难以接受的事情。对于犯罪心理画像专家来讲，他们也错失了探究凶案原因的最终机会，这同样使他们感到遗憾。

【背景知识】

性变态杀人犯

事实上，连环杀手也并不是只出现在现代社会中，在人类历史上，原本那些属于连环杀手的残忍碎尸行为和残杀弱势群体的行为都被愚昧的古代人当成了魔鬼。比如，西方神话中具有强烈性欲的吸血鬼、狼人等等。即便是有些残忍的杀手被确认是人类时，教会也会以凶手被魔鬼附身为由将罪恶归结到神话传说中去。

从常规意义上来讲，大部分连环杀手都是性变态，而这种性变态表现在各个方面。由于这些杀手的性观念已经扭曲，他们对性的看法与正常人完全不同，所以这些人获得性快感的手法也各不相同，比如，有些杀手会对着死者手淫来获得性快感，有的则在“猎杀”过程中获得，有的则会按时返回作案现场，以回忆杀人细节而获得性快感。

现代科学研究发现，大量令人发指的凶杀行为，其根本都是凶手超乎寻常的反常欲望所致，在这种强烈的反常欲望的主导下，凶手就会对死者的尸体做出极其残忍的暴行，一般表现为：分割尸体、奸尸、切碎死者器官、割下死者肢体带回家留作纪念等行为。

第六章

扑朔迷离的枪击案

犯罪心理画像专家在对凶手进行心理画像的时候是必须借助凶案现场报告的，如果没有这份报告，那专家就很难推测出一些有用的或具有前瞻性的线索。一般情况下，警方制作的犯罪现场报告还应该附上尸体的方位、凶手所使用的武器或者现场发现的子弹壳等信息。如果是室内作案，那么还应该标明门窗的位置、是否打开以及打开的状态等信息。

2007年8月4日上午7点30分，在美国弗吉尼亚州威廉斯堡发生了一起枪击案。8点30分左右，一名目击者向警方报了案。报案者表示一名黑人男性在巴顿大街上遭到枪击，当时还有一些小孩在案发现场附近玩耍。警方迅速组织警员赶往案发现场，并派遣重案组警官康拉德·西蒙斯全权负责此案的调查工作。

案发当天上午，康拉德在快9点的时候接到通知，并赶往案发现场。此时案发现场已经被警戒线圈了起来。这是一块街边空地，空地的两边是两条绿荫道，整块空地只有左侧有一条进出小路，空地的另一边是一栋废弃的楼房，死者的尸体就仰躺在这块空地中央。看到康拉德赶到，法医工作组的警员杰西卡·克莱因走上前汇报了警方现在所掌握的线索。

凶手显然是用手枪击中死者的后脑，子弹从死者的左耳后侧射进大脑，导致被害人当场死亡，因此尸体周围没有任何血迹，也没有挣扎的痕迹，最重要的是，死者的钱包依旧待在他的口袋里，这也就意味着这起枪击案并不是一起普通的谋财害命案。警方在死者的身边发现了一些被打开的毒品包装袋，包装袋上还带有点点血迹，但死者并没有使用过毒品。

死者的周围没有一枚弹壳，但在案发现场旁边的林荫道上却分别散落着一些弹壳，这些弹壳均为9毫米鲁格手枪的专用子弹，案发现场一共发现了19枚弹壳，警方又在随后的几次搜查中找到了60多枚弹壳，但警方并不能确定这些弹壳都和此案有关。警方从死者的钱夹中找到了死者的身份证明，他的名字叫休·希克森，是一名21岁的在校学生。休在社区里有一个“胖老爹”的外号，而且他还是该社区里的一个毒品交易者。

警方随即又调查了其他目击者，有人称当时他们刚刚参加完一名朋友的生日宴会，从酒吧中走出来，休和一些人去了空地那里。通过这些线索，警方大致有了一个推测：当时，死者刚参加完朋友的生日宴会，他就和一伙人在空地上进行了毒品交易，但交易的过程中可能产生了某种矛盾，所以他被另一方杀害了。警方用 3D 扫描仪将整个案发现场的细节全部扫描、记录下来，他们认为这些细节可能会对破案有所帮助。

另一名重案组的警探克洛维尔给康拉德提供了一些信息，他表示自己手中有一起枪杀案与康拉德正在调查的这起很相似，只不过那起枪杀案中的被害人并没有死亡，但他很害怕，不敢向警方举报射击他的凶手。警方虽然已经找到了枪击他的人，但因为被害人不愿报案而不能将其抓获。

这名枪击者的名字叫比利·福琼，他和他的弟弟都是毒品交易者。在上一起枪击案中，比利的弟弟也曾出现在案发现场，他还曾和被枪击的人谈过话。康拉德认为比利确实有作案嫌疑，但他们现在还有一条更重要的线索急需处理。

有人向警方举报称，一名叫“金胡子”的毒品交易者很可能就是杀害休的人。警方经过调查发现，“金胡子”是这个社区毒品交易场所的头头，他管理着这片社区内所有的毒品交易。如果死者真的在“金胡子”的地盘上进行毒品交易，而这件事情又被“金胡子”察觉到，于情于理，被害人的死和“金胡子”就有了很大的关系。警方决定将“金胡子”当作下一步调查的目标。

但犯罪心理画像专家认为，警方能够在不到一天的时间内就找到凶案的重大嫌疑人，除了凶手作案经验不够老道之外，很可能指向这个人的嫌疑都是假象，被害人的死可能与“金胡子”有关，但凶手未必就是他。从某种角度来看，比利的嫌疑似乎要小于“金胡子”，但在犯罪心理画像专家的眼中，他才更像是此案的真凶。

警方发动了大量警力查找与“金胡子”有关的信息。很快，康拉德就得知，“金胡子”曾在案发当天去过他女朋友那里，并在那里休息过一晚，还洗了澡，换了衣服。警方马上申请了搜查令，他们在“金胡子”女朋友家里搜到了一些毒品和他在案发当天所穿的衣物，这些毒品和案发现场找到的那些毒品完全一样，但警方并没有找到作案凶器——一把9毫米口径的鲁格手枪。

在犯罪心理画像专家的建议下，警方于案发后的第二天上午8点钟就赶到了法医中心取尸检报告。法医学家迪波拉·克伊给警方详细地讲解了尸检结果。通过X光片可以清楚地看到射进死者大脑内部的那颗子弹，子弹从死者的左脑后方射入，能够从这个方位射击死者，很可能就意味着凶手是站在死者身后近距离进行射击的，而残留在死者伤口处的火药粉末也证实了这种推断。死者伤口附近的部分火药粉末燃烧充分，有些则没有燃烧，这就意味着凶手应该是在距离死者1.2米以内的范围开枪，只有这样的距离才会出现火药不能充分燃烧的结果。

子弹射穿死者的头盖骨之后，先撞进了小脑，然后又在小脑内向左侧回弹了一段距离，这样的脑创伤让被害人当场死亡。由于受创的是小脑，而小脑主要负责人体的平衡，是管理人方向感的重要器官，因此死者可能中枪后就直接倒地，没有做出其他多余的挣扎或移动动作。这种近距离的枪击让警方排除了意外射击致死的猜测，显然被害人是被凶手预谋杀死的。

此时，其他警员已经找到了“金胡子”的行踪，警方以涉嫌走私毒品为由将他带到了警局。在审讯中，“金胡子”表示案发当天他只是从巴顿大街经过，当时他听到了一声枪响，一个人急匆匆地上了车，随后他又看到有人躺在了街边的空地上，附近有人出门查看，他就让那个人报了警。

警方并不相信“金胡子”所叙述的案发经过，他们决定给他测谎。警方准备了两个问题，第一个是“你有没有杀害‘胖老爹’？”第二个是“你知不知道杀死‘胖老爹’的人是谁？或者他的绰号是什么？”警方一开始以为测谎结果能够给他们带来惊喜，但测试的结果仅仅能证明“金胡子”在回答第二个问题的时候没有讲实话，这样的结果让警方十分懊恼。

就在这个时候，警方又收到了新的线报，有目击者称杀害休的人是一个叫比利的人。得到这个消息以后，警方决定继续给“金胡子”施压，他们利用新的线报将“金胡子”逼到角落里，试图让他不得不回答休的死是否与比利有关，“金胡子”虽然承认比利是他的手下，但他坚持表示自己什么也不知道，也没有看到比利杀害休。

犯罪心理画像专家认为，利用手段将知情者逼进不得不回答问题的死角是警方惯用的刑讯手段，这种手段暴力直接，很多时候都能够产生意想不到的效果，为了迅速破案，使用这种手段也成了警方的惯例。但是事实上，在面对一些亡命之徒或者心志坚定的人时，警方的这种手法是很难取得效果的，与其继续与“金胡子”较量，不如去调查其他的目击者。

根据警方提供的三维鸟瞰图，犯罪心理画像专家预测休遇害时应该有许多人都在犯罪现场，这些人正在进行毒品交易，“金胡子”和比利、休待在一起，“金胡子”应该是站在休的面前与他谈话，而比利则站在休的身后左侧，在休毫无警惕心的情况下，比利掏枪射杀了休。由于案发现场进行交易的都是毒品贩子或者瘾君子，这些人是不可能主动与警方交流或坦白的，但相对于“金胡子”和比利而言，从这些人身上下手更容易得到新的线索。

很快，警方就在犯罪心理画像专家的建议下展开了新一轮的调查。枪击案发生后的第三天，警方给社区内的每一名居民都分发了传单，他们还开通了免费的热线，警方希望社区内的每一名知情人都能够参与到此案的侦破中，匿名提供对警方有用的线索。由于涉及此案的两名嫌疑人（“金胡子”和比利）都与毒品交易有关，所以警方又申请到了搜查比利女友家的搜查令。

搜查行动很快就展开了，但比利女友家早就人去楼空了，警方用撞门器撞开了房门，不过他们并没有在这间房子里发现任何有用的线索。看起来，比利的女友早就得到了消息，她很可能已经将重要证物转移走或者销毁掉了，这让整个案件的调查进展一下子变得缓慢起来。

休遇害的第六天下午，警方在社区内做的工作终于得到了回报，一名目击证人向警方提供了最新、也是最重要的线索。这名目击证人称，案发当天，她亲眼看到休和“金胡子”、比利以及另外一个人走进了那块空地，然后她就听到了一声枪响，最终只有除了休以外的那三个人从那片空地中走了出来。

犯罪心理画像专家对这条线索进行了解读，显然，休是被这三个人预谋杀死的，当时休可能是想出手一些毒品，而“金胡子”和比利则是介绍人，另一名不知姓名的陌生人则是买家，在进行交易的时候，休被比利射杀。犯罪心理画像专家认为，一般情况下，买家是不会冒着杀人的风险去夺取毒品的，如果出现这种情况，很可能这名买家的毒瘾非常大，那么他就会继续去那个毒品交易区，警方也就可以在那里抓到他。

当天晚上，缉毒小组就在案发现场抓到了那名买家，但他表示案发当天他和休只是在一起进行交易，当时在场的也只有他和休以及“金胡子”三个人，他虽然听到了枪响，但并没有看到开枪射击的人，所以这名买家表示凶手可能是藏起来开的枪。虽然警方认为这名买家没有讲实话，但他们还是重新查看了三维扫描图，然后在图上查找了可能隐藏凶手的地方——

一处灌木丛。

犯罪心理画像专家认为，只靠这些推测是站不住脚的，专家建议警方去武器专家那里确认一下凶手所使用的凶器。武器专家分别在 1.5 米、1 米、0.3 米这三个距离处进行射击实验，然后将射击结果与死者伤口处的痕迹作比较，发现在 0.3 米处进行射击所得到的结果与死者伤口处留下的痕迹是相吻合的，这也就意味着凶手应该是在休左侧 0.3 米处开枪射杀他的，显然那名买家告诉警方的一定是谎话。

案发 8 天后，上午 10 点钟，警方顺利将比利逮捕，但在接下来的审讯中，比利表示他在案发当天并没有与“金胡子”待在一起，而且他表示自己亲眼看见了休被射杀的那一幕，他还留意到凶手是一个身材高瘦且有着棕色皮肤的黑人男子。面对这种口供不一却又各自坚持、死不认账的情况，警方只好再次向犯罪心理画像专家求助。

犯罪心理画像专家给警方出了一个主意，让警方找到一组符合比利描述的“杀手”照片，但这组照片中的人必须有案发时不在场的证明，然后让警方将这组照片拿给比利指认，如果比利指认照片中的某个人就是杀手，那就表示他在说谎，他的杀人嫌疑也就最大。

警方按照犯罪心理画像专家的建议找到了 6 个还在蹲监狱的人的照片，然后将这组照片拿给比利指认，比利确实指认了这组照片中的一个，这也就意味着他之前所讲的都是谎话。犯罪心理画像专家又根据警方掌握的最新线索，在三维扫描仪上还原了枪击案发生的全过程。

案发当天早上，买家和休先走到空地上进行毒品交易，“金胡子”就跟在两人身后四五米远的地方，因为他所站的位置距离休比较远，所以并不是他开的枪，交易就要结束的时候，凶手比利从左侧走向休，然后近身开枪，射杀了他。

在整个作案过程中，休是完全不知情的，而买家因为位置关系将一切都看在眼中，因此只要买家指认凶手，那此案就可以结案了。警方马上对买家展开了新一轮的审讯，在这次审讯中，买家屈服了，他向警方指认了枪击案的真凶，开枪的人就是比利。

【背景知识】

勘查犯罪现场

在侦破案件的过程中，警方最需要掌握的线索包括两大方面：一方面是通过尸检掌握一些重要线索；二是通过勘查凶案现场来获得重要线索。勘查犯罪现场，不仅仅是要将凶手在作案现场上遗留下来的每一份罪证都掌握，还要结合目击证人的证词、从不同角度拍摄的凶案现场照片以及现场上遗留下来的重要物证等信息相互印证，最终制成初级凶案现场报告。

犯罪心理画像专家在对凶手进行心理画像的时候是必须借助凶案现场报告的，如果没有这份报告，那专家就很难推测出一些有用的或具有前瞻性的线索。一般情况下，警方制作的犯罪现场报告还应该附上尸体的方位、凶手所使用的武器或者现场发现的子弹壳等信息。如果是室内作案，那么还应该标明门窗的位置、是否打开以及打开的状态等信息。

整个犯罪现场的报告越详细，对凶案的侦破就越有帮助，比如，报告上应有凶案现场喷溅出来的血迹形态、子弹飞行的弹道或可能发生的搏斗痕迹等信息。如果是露天的凶案现场，那还应该标明现场所出现的全部足迹、轮胎印记和重要的地理特征（比如人行道、可供进出凶案现场的道路等）等信息。

第七章

“疯子”杀手

犯罪心理学专家发现，几乎所有的连环杀手都有在作案后返回案发现场的癖好。连环杀手在将被害人杀死之后，再次返回凶案现场的目的是为了从凶案现场中获得进行杀戮时的快感，这种以旁观者的心态来重新回忆、重现作案时的杀戮场景的做法，会让连环杀手的内心中产生一种“隔岸观火”般的窃喜，也正是这种不可名状的感觉迫使真凶重新回到凶案现场。

1999 年 4 月 22 日下午 3 点 40 分左右，9 岁的琪拉·施泰因哈特放学回家。琪拉是一个非常有爱心的小女孩，她喜欢唱歌，热爱自己的家庭。琪拉一笑起来脸上就会出现两个小酒窝，她幼小的身体里似乎充满着其他孩子都没有的热情和活泼。母亲生下了第二个孩子以后，琪拉就开始主动帮助母亲做家务，她全心全意地照看着她的弟弟。

10 天前，琪拉的家人认为她已经长大了，决定让她在放学后独自回家。琪拉要走 30 分钟才能到家，在这 10 天里，琪拉还发现了一条近路。这一天，琪拉决定抄近路回家。走这条近路就需要穿过北汉普顿洛克公路旁一处杂草丛生的荒地。琪拉快步走进荒地中，但她并不知道自己身后正尾随着一名身体强壮的陌生男人。

琪拉之所以敢走这条小路，原因就是在这处荒地的对面耸立着几栋两层的居民楼，这些居民楼的视野极佳，每栋楼的阳台都是朝着荒地的，居民们只需坐在阳台上就可以清楚地看到整块荒地内的情景。琪拉每次从这里走的时候，都会事先看一看居民楼的阳台上是否有人在，如果有，她才会选择走这条路。

早在琪拉走进这块荒地的时候，坐在阳台上的一对夫妇就看到了她，而且他们也看到了跟在琪拉身后的那名男子。这对夫妇每天下午都会在阳台上晒太阳，他们最开始以为那名强壮的男人是琪拉的家长，但接下来发生的一幕让他们马上就意识到了事情的严重性。

尾随琪拉的那名男子突然加速走到琪拉的身后，他在琪拉还没有反应过来之前，用力挥动手臂，重重地击打在琪拉的后脑上，琪拉连惨呼都没来得及发出就直接摔倒在地，那名男子也随即俯身在地，荒地上的一切都被杂乱的草丛遮掩起来。

看到这一幕，坐在阳台上的妇人吃了一惊，她以为自己刚刚看到的是幻觉，赶紧站起身来呼唤丈夫，想要确认一下荒地内到底发生了什么事。妇人的丈夫也站起身来朝着荒地看了两眼，他表示自己并没有看到任何异常情况，但他还是遵从妇人的意愿，决定下楼去看看。

这名居民下楼后并没有走远，他朝着事发地点走了几步，然后远远地瞄了一眼，就回过头冲着妇人摊了摊手，表示自己是没有看到异常的。过了一会儿，坐在阳台上的妇人再次看到那名穿着白衬衫的男子从草地中站了起来，他的下身只穿了一条短裤。妇人还清楚地看到这名男子的手臂上纹了非常凶恶的图案，这名男子站起身后朝着地上看了看，然后就转身离开了。

几分钟后，这名男子又开着一辆红色的轿车赶回原地，他脱掉身上的白衬衫，将琪拉包在里面，然后将她装进了后备厢，直接驱车大摇大摆地离开了。大约过了 40 分钟左右，这对夫妇才向警方报了案。

接到报警以后，当地警方迅速赶到了案发现场，他们发现这名绑匪似乎没有清理作案现场的意识，案发现场遗留了大量证物，这些证物包括凶手留下的脚印和汽车轮胎印。当地媒体迅速报道了有关琪拉被绑架一案的经过，当地居民也十分踊跃地向警方提供线索。

其中有一名监狱看守向警方提供了一条重要线索，他表示他认识的一个人很像警方正在找的绑匪。这个人叫莱纳德·弗雷泽，他曾经因为性犯罪而坐了近 20 年的牢，而且他就有一辆红色轿车。警方迅速调取了关于莱纳德的档案，他们发现这个人是一个惯犯，他曾先后犯下了盗窃、偷车、武装抢劫、猥亵以及性质极其恶劣的强奸等罪行，这也使他在新南威尔士和北昆士兰的监狱中服过刑。

犯罪心理画像专家对这起案件十分感兴趣，他们认为凶手作案的手法十分老练，但他又没有丝毫清理凶案现场的意图，而且像他这种老练的罪犯也不可能会蠢到选择这种视野开阔的地方作案，于是，专家决定从莱纳德的人生经历开始调查。

莱纳德出生在北昆士兰的英厄姆镇，弗雷泽一家共有5个孩子，莱纳德排行第四，他的母亲是一名典型的家庭主妇，而他的父亲是一位机械师，也是一名二战老兵。莱纳德的父亲经常外出，他在家的时间很少，甚至几乎都不在家。

莱纳德的性格非常暴躁，他的母亲根本管不住他，而且他也不喜欢读书，这让他的学习成绩十分差，学校的老师则经常用“低能儿”来评价他。莱纳德还有语言障碍，这种障碍很难被矫正，这也让他无法得到其他同学的友谊。14岁的时候，莱纳德退学，他的父母让他自己找工作。

这一年，莱纳德来到了新南威尔士工作，15岁的时候他因偷窃被送到高斯福少年管教所接受改造，在这里莱纳德的人生出现了转折。在这家少年管教所内，莱纳德曾被年纪比他大的牢友强奸，而他则去强奸比他更幼小的牢友。

犯罪心理画像专家认为，在这儿，莱纳德变态的占有欲被激发了，他会设法得到他想要占有的一切，而这种占有欲则以性的形式获得满足。尽管莱纳德的年纪很小，但这一年的监禁经历让他对性的理解产生了偏差，性也成了他占有别人的唯一方式，这为他后面所犯下的罪行埋下了伏笔。

出狱不久后，莱纳德因为攻击铁路管理人员而被判入狱两年，随后他因为各种犯罪而被关进监狱。1972年，莱纳德搬到了悉尼英皇十字区居住，他在这当上了性服务者。从此以后，莱纳德又先后染上了吸毒和酗酒的恶习。不到一年的时间，莱纳德就因为参与武装抢劫而再次被警方关进监狱。

两年后，莱纳德被假释出狱，出狱不到三周的时间，莱纳德就故态复萌，他对多名女性实施了性攻击，但他不小心将自己的钱包遗失在了作案现场，因此又在极短的时间内被警方关进了监狱。在随后的调查中，莱纳德承认自己曾经强奸过一名来这里旅游的法国女游客，他的强奸行为十分残暴，从而使那名女游客终身不能怀孕。

法官判处莱纳德有罪，并让他服 21 年的有期徒刑。但在服刑期间，一名精神病专家诊断莱纳德患有一种精神病，这种精神病当时没有治愈的办法，依照澳大利亚的法律，这种病人只需服最低刑期即可。1981 年，被关了 7 年的莱纳德再次获释。

出狱后，莱纳德搬到了麦凯居住。一年后，莱纳德遇到了一名想要出售汽车的女性，他假装自己对那辆汽车感兴趣，然后强奸了这名女性。这是个骇人听闻的罪行，但莱纳德只被处以两个月的监禁，随后又被放了出来。犯罪心理画像专家认为，连续不断地逃脱法律制裁，就会逐渐消磨掉一个人对法律应有的畏惧，这也会让他很轻易地就会去触犯法律。

再次获释后，莱纳德遇到了一名叫霍尔的女性，他爱上了霍尔，霍尔对他也有好感，两人很快就确立了恋爱关系。莱纳德找到了人生中第一份全职工作，他和霍尔居住在一间公寓内，对于习惯了颠沛流离的莱纳德来说，这种稳定的生活环境是他原本难以想象的。

犯罪心理画像专家认为，这可能是莱纳德人生中唯一可以拯救自己的机会，他很可能在品味到爱情的感觉后将自己的行为改正过来，这是他获得救赎的唯一机会。但事实证明，莱纳德的恶习积蓄已久，这种温暖的家庭环境只能暂时让他安稳几年罢了。

在接下来的 3 年中，莱纳德的生活显得很平静，霍尔给他生了一个女儿，再加上霍尔之前生的一个儿子，一家四口安乐地生活着。莱纳德也承担起了一名父亲需要承担的责任。1985 年，犯罪心理画像专家最担心的事情发生了，莱纳德在麦凯北部的鲨鱼角对一名正在海滩上散步的 21 岁女孩实施了强奸。

莱纳德竟然在光天化日之下做出如此恶行，这让警方十分愤怒，他们迅速将其逮捕，法官判处他需要服刑 12 年。在这次宣判的时候，法官将莱纳德形容成了一个无恶不作且极易危害社会的疯子，随后监狱中的其他犯人和社会上的媒体都用“疯子”来称呼他。当时澳大利亚的法律对性犯罪的惩处力度还很弱，因此莱纳德在服满了刑期后再次获得释放。

刑满释放后，莱纳德搬到了一处沿海小镇居住。1997 年 1 月，莱纳德认识了一名叫玛丽的女人，这个女人得了癌症，她只有一年的生命了。莱纳德表示他会去医院看望她，在医院的礼拜堂内，莱纳德将玛丽锁在屋子内，并对她实施了强奸。不久，玛丽就去世了。

莱纳德又搬到了罗克汉普顿附近的摩根山居住，他一到这个小镇，就被当地的治安官重点关注。莱纳德经常会跟踪一些身体有残疾的女人，他会找到合适的机会对这些女人实施强奸。有一次，莱纳德在一名年轻女孩的饮料里下了药，就在他将这名年轻女孩拖走的时候，当地的治安官将他赶出了小镇。

1998 年末，莱纳德搬到了罗克汉普顿，他在这遇到了克里斯汀 · 雷特，由于这个女人的智商有些问题，所以莱纳德选择和她同居。在这里定居不久，莱纳德就绑架了琪拉。警方立即采取行动，他们在莱纳德的家里找到了他。当时，莱纳德的气焰很嚣张，他表示自己和失踪的女孩没有任何关系，但警方并不相信他的话，再加上手中有着确凿的证据，当地警方直接将他带回了警局。

在审讯中，莱纳德百般狡辩，他甚至编造出了一个虚拟人物，撒谎说他将自己的汽车借给了一名叫斯奎因的人，他试图用这种拙劣的谎言来干扰警方的调查，但克里斯汀却告诉警方，案发当天下午 4 点 30 分左右，莱纳德带着她经过卡拉汉赛道附近的一个橄榄球场，他将汽车开上一条土路，然后从车的后备厢内拖出了一个“大洋娃娃”。警方又询问了一些关于“大洋娃娃”的信息，克里斯汀一一做了回复。通过这些描述，警方确认克里斯汀的描述中这个身穿校服、有着金色头发的“大洋娃娃”就是琪拉。

警方出动了大量警力搜索卡拉汉赛道及附近的区域，他们希望能够找到琪拉，但这次搜查并没有得到任何结果。一周的时间过去了，警方只好请求犯罪心理画像专家对莱纳德进行审讯，在这次审讯中，专家注意到莱纳德坐在座位上一直不停地摇晃自己的身子，这种动作意味着他想要开口了。当天晚上，莱纳德说出了掩藏琪拉尸体的具体位置。

原来，莱纳德之前故意在克里斯汀面前装出处理尸体的样子，他知道这个智商低下的女人不会帮他保守秘密，她也不知道什么叫作秘密。莱纳德借助克里斯汀成功地迷惑了警方，以至于警方不能及时找到琪拉的尸体。

犯罪心理画像专家认为，莱纳德的这种行为还有另外一层意思，他应该很清楚地知道残留在被害人尸体上的 DNA 证据会在一段时间内失效（精液中的 DNA 会随着自然因素消散，时间大约为两个星期），他之所以开口讲出尸体的位置，是因为他觉得死者身上的 DNA 数据已经失效了，这样他被判处的罪行就可能会轻很多。

5 月 6 日，警方找到了琪拉的尸体，她裸着身体趴在地上，校服就叠放在胸前，她的喉咙被莱纳德残忍地割开了，这就是她死亡的原因。媒体很快就将这件事公之于众，莱纳德的残忍再次被呈现在世人面前。

5月7日，警方就以谋杀罪、绑架儿童罪、强奸罪以及侮辱尸体罪等罪行将莱纳德告上了法庭。警方还在莱纳德的后备厢内发现了许多根属于琪拉的头发以及一把带有琪拉血液的尖刀，这些物证多达340份。但莱纳德依然否认所有指控，他表示自己没有强奸琪拉，甚至没有脱过她的衣服。

犯罪心理画像专家认为，像莱纳德这样不断作案的残忍凶手，这起凶杀案显然不像是第一起。因为这起凶案现场留下的物证太多，莱纳德原本就是一个有着丰富作案经验的惯犯，在此之前警方也没有发现他杀过人，通常他只会强奸受害者，但这起强奸案突然就变成了凶杀案，显然有些不合逻辑，而且这种在案发现场留下大量证据的行为无疑也证明了他内心中是十分蔑视警方的，他不认为这些证据能够将他关进监狱。这种情况也只会在某些连环杀手连续作案且自信心高度膨胀后才会出现。

犯罪心理画像专家认为，警方应该查看一下这片区域内是否还有其他女性失踪，如果有，那这些失踪女性很可能就和莱纳德有关。不久后，警方果然又找到了4名失踪女性，这4人分别是娜塔莎·莱安、朱莉·特纳、贝弗利·莱歌和西尔维娅·贝尼迪特。

娜塔莎是在1998年9月失踪的，由于娜塔莎经常做出离家出走的举动，所以一开始家人们并没有特别注意，但以前娜塔莎出走后，警方都能够找到她的确切位置，而她在9月的那次出走后就彻底失踪了，她失踪时只有14岁。

朱莉是1998年12月27日至28日凌晨期间失踪的。据说27日晚她正在一家酒吧内喝酒，凌晨时分，醉醺醺的朱莉离开了酒吧，她还告诉朋友，她决定要步行回家，因为她身上没有一分钱了。但就在离开酒吧之后，朱莉就彻底失踪了。

贝弗利是摩根山的居民，莱纳德之前在摩根山的住处与贝弗利的家很近，他们两个人在那时就已经认识。1999 年 3 月 1 日，目击证人最后一次在罗克汉普顿昆士兰银行外看到了她，随后她就彻底失踪了。1999 年 4 月 18 日，西尔维娅最后一次出现在人们的视线中，当时她就在罗克汉普顿一家购物中心外，目击证人称他曾经看到西尔维娅身边还有一名男子，而那名男子就是莱纳德。

经过仔细的检查，警方在莱纳德的汽车内找到了西尔维娅的血液样本，他们还将西尔维娅的照片拿给克里斯汀看，克里斯汀表示这个人是莱纳德的朋友。1999 年 4 月 25 日，罗克汉普顿的清理工在清理一家废弃酒店时有了让人震惊的发现。在这所酒店中的 13 号房间内，他们发现地板、墙壁以及天花板上有着大量血迹。

警方经过 DNA 检测，发现案发现场的 DNA 与西尔维娅的 DNA 完全匹配。警方还在房间内发现了一些面部骨骼碎片，这些碎片的表面还附着一些肌肉组织，房间内还有一些散落的牙齿。最让人感到惊心的其实是屋内的血迹，这些血迹迸溅到三四米高的屋顶上，是何等凶残暴力的手段才能导致这样的结果？

就在警方仔细搜集证据的时候，莱纳德在监狱中遇到了之前的狱友阿兰·奎因，在和阿兰的谈话中，莱纳德表示他会以自己心智不健全为由向法院提出申诉，以减轻自己的罪行，而且他还在谈话中表示他知道其他几个女人的遭遇，但却不肯承认这些女人的遭遇与自己有关。

阿兰在电视上看到过有关莱纳德的报道，并且对被害人的家属深表同情，他决定戴罪立功，向警方透露莱纳德告诉他的“秘密”。阿兰主动联系了一名叫欧基菲的警探，他告诉警探莱纳德正在向他倾诉心声，警探马上让他将莱纳德所讲的话全部记下来，这些笔记将会为警方的侦破工作提供很大的助力。

警方根据掌握的线索大致整理出了西尔维娅被害的全过程。1999 年 4 月 18 日，星期日，晚上 7 点 30 分，莱纳德谎称自己有一盎司重的大麻，他以此为诱饵将西尔维娅诱骗进这座早已废弃的酒店内。莱纳德谎称这里就是他藏毒品的地方，西尔维娅在大麻的诱惑下跟随莱纳德来到了酒店二层的 13 号房间内。但在这里，莱纳德表示想要毒品就必须与他亲热，并试图强行亲吻西尔维娅，西尔维娅用力打了莱纳德一嘴巴，莱纳德瞬间暴怒起来。

莱纳德反手将西尔维娅抽倒在地，他随手拿起 13 号房内的一根铁棒，用力击打西尔维娅的头部，西尔维娅的一些牙齿被打掉了。在这次报复性的袭击中，莱纳德曾连续多次棒击西尔维娅的头骨，西尔维娅的血液溅射到周围的墙壁和屋顶的天花板上。西尔维娅早已死亡，她的尸体一动不动地躺在地上。莱纳德将她的裤子脱了下来，然后强暴她的尸体。

做完这一切之后，莱纳德用毛巾将西尔维娅不停流血的头包了起来，然后拖到了旁边的房间内。莱纳德又重新拿了一块毛巾擦拭溅射到墙壁上的血迹，他还将西尔维娅的衣物丢进酒店内废弃的冰柜中，并在冰柜内装满水，他试图用这种方法销毁所有证据。莱纳德将西尔维娅的尸体拖到楼下，这又在楼道上留下了一条长长的血迹拖痕。

西尔维娅遭受的苦难还没有结束，莱纳德又将她不断流血的头部摆在了一处排水口上，他想让西尔维娅的血液自然流干，他这样做是为了将被害人的尸体带走。但他在将死者的尸体放进后备厢时，西尔维娅的头碰到了车厢盖，在这儿留下了一处铁证。警方还在案发现场发现了一张卷烟纸，这张纸上面残留着西尔维娅的血液，这意味着，莱纳德曾在杀死西尔维娅后，又在案发现场上抽了一会儿烟。

警方随即对莱纳德进行了有关西尔维娅一案的审讯，莱纳德意识到阿兰背叛了他，他对阿兰大加指责，并表示要与他断交。2000 年 9 月，莱纳德杀害琪拉一案在布里斯班法院公开审理。法官认为莱纳德有罪，判处他终身监禁，并不得假释。再次被关进监狱以后，莱纳德似乎原谅了阿兰，他再次与阿兰交谈，并主动向他透露一些杀人细节。

阿兰表示他将会给莱纳德著书立传，因此每当莱纳德向他讲述的时候，阿兰会使用录音笔录音，并将莱纳德所讲的内容记录在笔记本上。莱纳德的倾诉欲望似乎空前高涨，他还给阿兰提供了一些埋藏被害人尸体的地图。

犯罪心理画像专家认为，莱纳德之所有如此强烈的倾诉欲望，与他得知了自己被判处终身监禁有着很大的关系，他想通过这样的方法继续吸引他人的注意，所以他在明知道阿兰是警方眼线的情况下，依然愿意与他交谈，并向他吐露作案细节，他这样做就是为了让阿兰给警方透露信息，警方必定会对这些信息感兴趣，这样他就可以再一次将主动权都掌控在手中了。

犯罪心理画像专家还断定，莱纳德给阿兰提供的线索很可能掺假，但也有部分是真的。莱纳德的这种行为果然再次引起了警方对他的注意，在阿兰提供的信息中，警方又一次获得了莱纳德杀害朱莉以及贝弗利时的细节。

莱纳德在朱莉独自从酒吧中出来后就尾随了她，他在一条四周无人的空旷小路上突然袭击了朱莉，在这场突然袭击中没有发生任何交谈，莱纳德挥舞手臂将朱莉击倒在地，随后他狠狠地打死了她。贝弗利遇害时应该是在莱纳德的车上，她搭了他的便车，在车子行驶期间，莱纳德将手放在了贝弗利的腿上，贝弗利将他的手狠狠地甩了下去，莱纳德勃然大怒，他反手一拳击打在贝弗利的嘴巴上，将贝弗利打得满口是血，然后他将贝弗利杀死了。

2000 年 12 月 21 日，莱纳德·弗雷泽同意了警方的请求，他愿意先从监狱中出来，协助警方做一些调查。其实，警方主要是想利用这个机会让莱纳德指认一些埋藏被害人尸体的藏尸地点和他杀死被害人的作案现场。

在莱纳德的“帮助”下，警方找到了他埋藏朱莉·特纳、贝弗利·莱歌、西尔维娅·贝尼迪特的地点，这些被害人的尸体上都没有穿衣服，朱莉·特纳的头还被割了下来。犯罪心理画像专家认为，莱纳德曾在杀死朱莉之后又一次重返藏尸地点，他再次强奸了朱莉的尸体，并且将她的头颅割了下来，以满足他的占有欲。

在监狱中，莱纳德还详细地向阿兰讲述了他杀害娜塔莎·莱安的细节，并且他还给阿兰标注了十分详细的藏尸地点，由于莱纳德的描述非常详尽，杀人口供也被阿兰录了下来，再加上娜塔莎失踪前，有第三方目击证人能够证实莱纳德和娜塔莎待在一起。所以尽管警方没有找到娜塔莎的尸体，但他们依然决定向法庭起诉莱纳德杀害了娜塔莎·莱安。

在这次审讯中，莱纳德认为精神不正常这个理由已经不能帮他脱罪，于是他又重新想了一个办法。莱纳德在庭审的时候表示自己患有双重人格，在他的体内还住着一位叫司奎奇的人，这个人才是杀害那些女人的凶手，是他强迫莱纳德杀人并处理尸体，又是他“借”莱纳德的口承认了警方所指控的罪行，并帮助警方找到埋藏被害人尸体的地点。

警方根本就不理会莱纳德的这种小伎俩，他们反而借助莱纳德的说法获得了大量新证据。比如，警方通过莱纳德的口供明确地知道了犯罪现场的位置，并且根据莱纳德的口供找到了被害人的胸罩和衣物，莱纳德甚至还描绘出了被害人遇害时所穿的衣物及她们所佩戴的饰品。尽管莱纳德一直强调这些事都是司奎奇干的，但这些细节只有凶手才会知道。

2003 年 4 月，警方又以莱纳德·弗雷泽杀害了娜塔莎·莱安、朱莉·特纳、西尔维娅·贝尼迪特和贝弗利·莱歌等人的罪名将莱纳德告上法庭，警方原以为铁证如山，此案不会再有其他波折，莱纳德终将受到法律和正义的制裁，但就在这次最终审理即将开始的时候，意外再次发生了。

莱纳德依然坚持为自己辩护，他表示自己没有杀死朱莉·特纳、西尔维娅·贝尼迪特和贝弗利·莱歌这三名被害人，但他承认自己杀害了14岁的娜塔莎·莱安，原因是娜塔莎怀上了他的孩子。他还在法庭上当众讲出了丢弃娜塔莎尸体的地点，但警方并没有找到娜塔莎的尸体。

审判进行到第9天的时候，警方突然收到消息，娜塔莎·莱安还活着。这个警方认为已经被莱纳德杀害的女孩在消失了足足5年的时间后又一次出现了。娜塔莎的父母认领了她，而她还将自己的故事卖给了媒体，她在法庭上作证，自己从来都不认识莱纳德。娜塔莎表示她当时只是因为一场与老师的争执而离家出走，随后的5年中，她一直住在男友家中。

娜塔莎的证词让警方提交到法庭的一些证据当场失效，而且法庭还很有可能会选择相信莱纳德的发言，这让警方不得不停下来仔细考虑是否要撤销对莱纳德·弗雷泽的指控。犯罪心理画像专家认为，警方现在应该撤销有关娜塔莎的指控，然后坚持将剩下的三起谋杀案控诉到底，这样还是有足够的证据可以将莱纳德·弗雷泽定罪的。警方接受了犯罪心理画像专家的建议，他们决定将这场官司打到底。

2003年4月15日，法庭恢复审理，在这次审理中，阿兰所提供的供词及录有莱纳德杀人细节的录音将成为审理中最关键的证据。莱纳德可能察觉到自己难逃法网，他在最后一次听证会上，穿上了他平日里只会在节日中穿的白色衬衫、裤子和鞋子，他还试图在审判进行中假装心脏病复发。犯罪心理画像专家认为，莱纳德的这些行为的目的就是让审理人员对他产生同情，以求可以减轻即将降临到他身上的刑罚。

2003年5月9日，陪审团判定莱纳德·弗雷泽有罪，法官采纳了警方有关莱纳德预谋杀害了西尔维娅和贝弗利的所有指控，但法庭认为莱纳德杀害朱莉一案应该定性为一般杀人罪，陪审团判断莱纳德当时并非有意要杀害朱莉。法庭最终宣判莱纳德·弗雷泽需服3个无期徒刑并终身不得保释。2007年新年过后的第一天，莱纳德在监狱中因心脏病发作死亡，但他的死并不能让世人感到任何喜悦，对那些被害人的家属来讲，尤为如此。

【背景知识】

重回凶案现场

犯罪心理学专家发现，几乎所有的连环杀手都有在作案后返回案发现场的癖好。连环杀手在将被害人杀死之后，再次返回凶案现场的目的是为了从凶案现场中获得进行杀戮时的快感，这种以旁观者的心态来重新回忆、重现作案时的杀戮场景的做法，会让连环杀手的内心中产生一种“隔岸观火”般的窃喜，也正是这种不可名状的感觉迫使真凶重新回到凶案现场。

从某种程度上来讲，在凶案发生后，如果警方可以敏锐地察觉到连环杀手的这种反常行为，那他们就能通过监视凶案现场来成功找到重大嫌疑人或者直接将真凶抓获。但由于连环杀手的行为不仅特异，而且这些人的警觉性也特别高，很多凶案发生很久后，警方才找到被害人的尸体或者发现了案发现场，所以欠缺处理连环凶案经验的警探是很难通过这个细节将连环杀手抓获的。

第八章

诱杀儿童的食人魔

犯罪心理画像专家在研究罪案的时候，是很乐意倾听犯罪嫌疑人的声音的。罪犯还会在说话的时候经常忽略一些不被他看好或者选择的行为，他们的口头语以及书面用语都能给犯罪心理画像专家提供大量潜在信息。这些语言信息甚至能够帮助警方确定罪犯的种族、年龄、性别、职业、受教育程度、宗教信仰及社会背景。

黑夜慢慢笼罩了印度首都新德里市，但这座城市的繁华风光才刚刚开始，大街上川流不息的行人和悠闲“散步”的神牛构成了一幅生动热闹的印度城市风光。2005 年的某天夜里，新德里市的天气非常凉爽，不时还会吹过一股股清凉的微风，这股凉风将整个白天都“窝”在家里的居民“引”了出来，人们纷纷走上街头，准备趁着这份难得的凉爽赶到集市上逛街购物。

没有人察觉到有一个男人正悄悄地隐藏在街角的阴影中，他正鬼鬼祟祟地打量着过往的行人，人们行色匆匆，似乎没有察觉到这个人正用一些甜点、太妃糖或巧克力来哄骗一个未经世事的小女孩。即便是有人看到了这一幕，只要他不是这名孩子的亲生父母，他就不会去管这种在印度司空见惯的诱拐儿童事件。

谁也没有想到，这个名叫苏林德·库里的诱拐犯，其实是一个疯狂且变态的杀人恶魔，他在短短两年的时间内先后诱骗、杀害了 19 名儿童，而且这名连环杀手还是一个不折不扣的食人魔，他的作案过程极其残忍，但这种残忍的恶行却持续了两年之久。是什么让这名印度犯罪史上最变态的连环杀手屡次作案？他又是在怎样的动机驱使下不断杀害无辜的幼童？让他变成一个食人恶魔的真正原因又有哪些？

犯罪心理画像专家仔细研究了整个连环凶杀案的全部过程，他们试图从印度警方提供的只言片语中找出上述问题的准确答案。2005 年，新德里市的贫民区内先后走失了两名女孩，孩子的父母努力寻找走失的孩子，但没有人知道这两个孩子到底去了哪里。这片贫民区最初是个名叫妮萨里的贫民村庄，后来被改建成了新德里市郊区。

生活在这片区域的居民大都是印度种姓制度中最底层的“贱民”，他们为了维持生计，不得不拼命做工，但不幸还是降临到这些人的身上。拉尔一家就居住在这片区域，他们家经营了一个十分简陋的洗衣作坊，这间作坊主要为这片区域内日渐增长的中产阶级人士漂洗、熨烫衣物。

乔蒂·拉尔作为家中长女，很早就开始帮着父母打理生意，她每天都要将洗衣店里洗好、熨烫妥帖的衣物挨家挨户地送到顾客手中。一天下午，乔蒂按照惯例出门配送衣物，但她出门后就再也没有回家。乔蒂的父母非常着急，他们四处寻找，并向警方报了案，但印度警方并不在意这种有关走失的案子，负责处理案件的警察甚至连笔录都没有做，警方也没有派出任何一名警员参与此案的调查。

在当时，印度有很多诱拐女童的人贩，他们会把诱拐到的女孩卖给妓院。乔蒂的父母很担心乔蒂遇到了人贩子，但犯罪心理画像专家清楚地知道，乔蒂应该已经遇害了。杀害乔蒂的就是苏林德，他原本出生在印度偏远山区内的一个小乡村，几乎没怎么上过学，幼年时期就跟着屠夫当了学徒，他也是在那个时候学会如何剔骨和扒皮的，而这些屠宰动物的手段即将被他用到他所杀害的幼童身上。

犯罪心理画像专家认为，导致苏林德食人的原因可能与他的生活经历有关。苏林德从小在农村长大，他的生活安稳且固定，当他来到城市，突然经历了一次过度剧烈的环境变迁，但他却不能参与其中，这件事情给他的固有观念带来了异常强烈的冲击。他的性取向开始出现了问题，他开始对同龄女性不感兴趣，无法与女性发生正常的性关系，这也是他从2005年后每月都要杀死一名孩子的主要诱因。

新旧两个完全不同的世界塑造了苏林德，新印度和旧印度、城市和农村的差异使他的心理彻底扭曲。苏林德突然从一个没有网络和电视的偏远农村来到繁华、喧嚣的大都市，他根本不能适应。这是两种完全不同的生活，人们不同的价值观和行为方式，不同的期望和欲望让苏林德渐渐迷失了自我。苏林德试图在新的世界中找到自我，这让他走上了一条只属于他的罪恶之路。

苏林德的社会阶层也对他产生了很大的影响，在印度种姓制度中，他属于贱民，这种人是不能从事任何高贵职业的，他们只能做最低贱的，没有人愿意去做的工作。苏林德显然想要摆脱这种桎梏，他想要在新的城市内继续向前，想要得到公平、认同与关注，但大部分连环杀手注定是很平凡、普通的。

犯罪心理画像专家发现，苏林德在幼年的时候就已经表现出了一些不好的苗头。苏林德学习不好，他几乎没怎么上过学，性格内向、孤僻，喜欢独处，几乎不参加任何社交活动，不与同龄人玩耍，不亲近自己的父母，贫困的乡村生活也让他很难从父母那里得到关爱，但这些生活上的不如意还不足以让他变成一个食人恶魔。

苏林德 13 岁的时候就搭乘火车前往 450 公里以外的新德里讨生活，这儿也是迫使他走向精神变态的地方。在城市内，苏林德找到了一份工作，他给一名富商当全职保姆，负责给这位富商做饭、整理房屋，做一些其他零碎的工作。这个叫蒙德尔·潘德赫尔·辛格的富有商人经常出国打理生意，所以，在很多时候，苏林德就成了这栋豪宅表面上的“主人”。

每当蒙德尔在家的时候，他都会在家里举行派对，他让苏林德见识到了一个被网络和派对包围起来的“新世界”。蒙德尔的派对可不仅仅是一些普通的家庭派对，他还经常在家中招待客人，他会将舞女或女招待带到家里一同参加派对。有些时候，他为了让客人满意，这些派对就会变成淫乱的性爱派对，蒙德尔在举行派对的时候从来都不避讳苏林德，但也不允许苏林德参与。

犯罪心理画像专家认为，事实上，蒙德尔才是苏林德真正意义上的“心灵导师”，可能就连他自己也没有注意到，他的行为给从乡下来到城市的苏林德带来了非常强烈的精神冲击，这些负面冲击使苏林德正在形成的人生观发生了扭曲。苏林德开始欢迎妓女进入蒙德尔的豪宅，而此时，新德里儿童失踪一案也拉开了恐怖的序幕。

印度警方并不想调查任何与贫民区有关的案子，他们坚信走失女童这样的戏码每天都会在这种低级的地方反复上演，丢孩子，尤其是女孩子，是印度司空见惯的事情，也是没有必要进行调查的事情。苏林德居住的D5豪宅距离这片贫民区只有一条街道的距离，住在这儿的人们都知道苏林德不经常出门，他总是猫在豪宅的门口打量着这个真实又虚幻的世界。

乔蒂走失后，拉尔老爹挨家挨户地询问，他曾在D5豪宅门口见到了苏林德，并向他询问了有关乔蒂走失的事情。苏林德当时表现得非常正常，他告诉拉尔老爹，他会留意乔蒂的，如果他见到乔蒂，一定会第一时间告诉拉尔，随后苏林德就转移了话题。拉尔老爹的寻找一直持续了1年7个月，在此期间，警方没有安排过任何一次搜查，也没有调查过任何与女童走失有关的案件。

贫民区不断有女孩走失这件事根本影响不到D5豪宅所在的这片区域，蒙德尔继续着他奢侈淫乱的生活，而苏林德则继续充当一名旁观者，一名偷窥者。犯罪心理画像专家认为，D5豪宅内发生的事情完全超出苏林德的想象，这个年轻人正处在通过接触周围环境来了解新世界的阶段，所以发生在他身边的性刺激给他带来了非常大的负面影响。

蒙德尔隔一段时间就会出国打理生意，在此期间，苏林德就成了D5豪宅的实际掌控者。一个出身低微且心理扭曲的乡村少年突然拿到了一栋豪宅的管理权，他又将在这里做些什么呢？在诱拐、谋杀、性侵及食尸的过程中，苏林德克服了性无能，他在乡村老家结了婚，并生育了两个孩子，每隔一段时间他都会回家待上一阵子，在那里过上普通又正常的生活。

犯罪心理画像专家认为，苏林德频繁往返两个不同社会的原因是，他想要通过实际接触、参与来分辨自己到底属于哪里，每当他从一个“世界”观察另一个“世界”的时候，他都会觉得自己像是一个陌生人，陌生的生活方式和陌生的事物充斥在他的身边，但他最终还是会选择回归城市，而他也将在这里不断杀戮，直到事情败露为止。

截至 2006 年 5 月，贫民区失踪孩童的人数已经达到了 10 人，这些孩子都是在乔蒂消失的那条街上失踪的，但即便有如此明显的迹象，印度警方也没有做出任何举动，他们没有立案，没有调查走访，没有向社会发出警报，甚至根本没有关注这件事情。

接下来，事情出现了戏剧性的转折，一名受害女孩哥哥的朋友是一名记者，这位哥哥央求记者朋友将贫民区连续走失儿童的事情登到报刊上，希望以此逼迫警方介入此案的调查。当贫民区女童接连走失一事被报纸刊登以后，警方果然介入了调查，但参与调查的警察再次让生活在贫民区内的居民失望了，警察总是会找一些近乎白痴的理由来搪塞受害者的家属。比如，即便这些走失女童的年龄才 10 多岁，警方却将她们的走失定性为与他人私奔。

截至 2006 年年末的时候，贫民区失踪的孩童数目已经达到了 18 人，而该案件的调查行动却毫无进展，贫民区的居民们几近绝望。就在 2005 年至 2006 年间，贫民区及附近几个街区的下水管道出现了不同程度的爆裂，整片区域的排水系统几近瘫痪，D5 豪宅也刚好处在这片区域内，这些爆裂的排水管道开始向世人展示杀人真凶那令人发指的恶行。

2006 年即将结束的时候，最后一名被害女孩帕雅儿失踪了，有目击证人证实她在失踪前曾去过 D5 豪宅，警方终于做了调查，他们来到这栋豪宅，询问了有关帕雅儿的事情。当时，蒙德尔和苏林德都在家，但两个人都表示自己没有见过帕雅儿。

第二天，气温陡升，居住在 D5 豪宅附近的居民发现这栋房屋后面的某个地方散发着一股十分难闻的恶臭，起初人们以为是某个小动物死在了下水管道附近，但清理者却有了让人恐惧的发现。下水管道裂口处发现的不是什么动物尸体，而是一些惨白的人骨以及一些已经腐烂的人体器官。

警方赶到后，又在附近发现了许多完整的儿童骨架，苏林德・库里和蒙德尔・潘德赫尔马上被警方逮捕了。在两人被捕的同时，当地发生了一场暴动。19 名孩子失踪遇害，警方却一直没有做任何事情，他们害怕警方会将苏林德和蒙德尔无罪释放，因为这些遇害的孩子都是贱民。最后，这起案子不得不移交到印度中央调查局进行调查，苏林德和蒙德尔都被拘留审讯。

在审讯的初期，警方几乎一致认定苏林德的老板蒙德尔才是整个连环杀人案的主谋，因为苏林德只是一个从大山里走出来的乡村少年，这样的少年应该更加单纯，他只可能在蒙德尔的指挥或逼迫下参与杀人。

因为印度当时非法器官交易行为非常猖獗，所以警方认为是蒙德尔有预谋地指挥苏林德诱拐并残杀儿童，然后将这些孩童体内的器官卖给“黑诊所”，以此来牟取暴利。很快，这种论断就被推翻了，因为警方曾在下水管道附近打捞出许多被遗弃的儿童器官。随即，警方又开始怀疑两名嫌疑人的作案动机可能与进行儿童色情活动有关。

审讯的结果并不理想，两名重大嫌疑人都拒不认罪，警方需要从手中仅有的线索推断出这些凶案到底是一个人做的还是两个人所为？凶手的作案动机又是什么？凶手是否对被害人实施了性侵犯？侵犯是发生在被害人遇害前还是遇害后？

精神病专家也参与了此案的调查，他们测试了两名嫌疑人的精神状况，测试结束后，精神病专家认为苏林德最坏的情况下也只可能是一个协同作案者，他不可能在短短的两年间从一个单纯少年变成一个杀人恶魔，蒙德尔才像是这起连环凶杀案的主谋。

但是，进一步的调查结果显示，蒙德尔似乎是清白的，有好几起儿童失踪遇害案发生时，他都在国外，电话记录清楚地显示了蒙德尔的位置，这也就意味着苏林德才应该是制造这一系列杀人案的元凶，这种结果让所有人瞠目结舌，印度司法系统甚至不愿意接受这种观点。

随即，犯罪心理画像专家和法医病理学家都介入了此案的调查，印度司法系统还允许犯罪心理画像专家在审讯苏林德的时候给他使用松弛剂。在松弛剂的作用下，苏林德很快就坦白了，他不但坦白了他的所有谋杀罪行，而且还详细地讲述了他在处理尸体时所使用的手法。

当然，仅凭借苏林德的供词是不足以将他定罪的，警方需要更多证据。法医病理学家在D5豪宅的一层浴室内发现了大量血迹，这间浴室是苏林德用来处理尸体的屋子。苏林德会用甜点和一些美味的瓜果食物将被害人诱骗到豪宅内，等到孩子随着他进入豪宅以后，他就会用女孩头上佩戴的丝巾将被害人勒死，然后再对她们的尸体进行性侵犯。

每当苏林德杀害儿童以后，他都会先将儿童的尸体搬到楼顶的一个空房间内存放起来，等到豪宅内没有其他人的时候再将被害人搬到一层浴室内处理掉。他将被害人的尸体分割成小块，将死者的器官装在不同的塑料袋内，等到夜深人静的时候再将这些罪证丢到附近的下水管道里。

这些受害者几乎全都是女孩，但也有 4 名男孩被他杀害了，苏林德表示他在挑选猎物的时候并没有分辨出这 4 个小孩的性别，所以在杀死他们以后，他并没有对他们实施性侵犯，只是将 4 个孩子的心脏吃掉了。此外，他还会因为性侵失败而迁怒于已经遇害的女孩尸体，他会将这些女孩的胸脯和手臂吃掉。

苏林德向警方坦白以后，马上就又恢复了他在农村时的样子，礼貌、安静又乐于助人。苏林德还同意接受记者的采访，他说话时轻声细语，略微显得有些沉默，但他总是喜欢用一些简短的词语来回答记者的提问，这让记者很难相信他就是那个杀死 19 个孩子并吃掉他们尸体的恶魔。

在回答为何要吃掉孩子们尸体这个问题的时候，苏林德平静地表示自己只是有这样的需求而已，他想吃，所以就吃了。记者将有关苏林德的报道公开以后，马上就在社会上引起轩然大波，人们都不能理解这个表面正常又普通的年轻男子为何会做出这种残忍又变态的恐怖行为。

苏林德沉稳平静的陈述，证实了他在作案时是可以清晰分辨对错的，他有认知周围世界的能力，他没有精神疾病，他必须为他所做的事情负责，尽管他看起来像是一个精神变态的疯子，也像是患有人格分裂。法庭认为苏林德 · 库里有罪，警方起诉的 19 项谋杀罪以及一系列性侵罪、侮辱尸体罪以及食尸罪等罪行全部成立，他将被处以死刑。

苏林德对法庭宣判的罪行表示认罪，但他并没有停止上诉行为。2015 年，印度司法系统认为，苏林德在监狱中待的时间已经很久了，对他的判决可以从轻发落，他可以不被处死，他的判决也被改为终身监禁，并永远不得保释。

犯罪心理画像专家认为，2015 年的最终判决对贫民窟幼童食人魔而言可以说是一种结局，但这同样引出了印度国家内部巨大的文化、经济以及社会地位间的差异等问题，这些差异使苏林德的人格发生了化学反应，他或许生来就有特殊的偏好，但最终的变化还是因为他受到了他的老板潜移默化的影响，在特定的社会环境中，犯下了这起人神共愤的残忍凶案。

【背景知识】

犯罪心理之语言学

对犯罪心理画像专家而言，研究人与人之间的语言交流是一件非常重要的事情。在现实生活中，人们在孩童时代开始学习语言，人们所处的地理位置及文化习俗会形成一种具有当地风味的特殊语言规律或者特定的语言结构。通过分析、判断这些语言的特殊之处，就能从中找到更深层次的含义。比如，人们通常可以通过一个人的口音分辨出他大致是哪里人，也可以通过他对同一事物的不同称谓判断出他的主要生活区域是哪里。

犯罪嫌疑人的语言特性同样具备以上含义。所以，犯罪心理画像专家在研究罪案的时候，是很乐意倾听犯罪嫌疑人的声音的。罪犯还会在说话的时候经常忽略一些不被他看好或者选择的行为，他们的口头语以及书面用语都能给犯罪心理画像专家提供大量潜在信息。这些语言信息甚至能够帮助警方确定罪犯的种族、年龄、性别、职业、受教育程度、宗教信仰及社会背景。

比如，在美国宾夕法尼亚州，常住在费城的居民在点碳酸饮品的时候通常会用“来一杯苏打”这个词，但是住在匹兹堡的人在点碳酸饮料的时候通常会直接用“饮料”这个词。犯罪心理画像专家正是通过这些细微的语言差异来分辨、判断罪犯的真实情况及籍贯的。

第九章

手推车杀手

任何女性都有可能成为强奸犯的潜在被害人。通常情况下，性虐待者不会在日常生活中表露出任何反常的外在特征，他们甚至还比较富有，几乎都是中产阶层，这些人十分注重自己的外表，他们会尽量让自己显得更具有魅力或无害，这也是他们能够将潜在的被害人诱骗到手的一个重要原因。

每当上下班的高峰期，纽约市的 FDR 公路上都会变得十分拥挤。1997 年 6 月 21 日晚高峰期间，肯 · 萧伯纳按照往日的习惯在人行道上牵狗遛弯。忽然，肯的眼前一暗，似乎有一个黑色人影从前方人行天桥下冲了过去。这个黑影的速度很快，一转眼的工夫就消失不见了，肯有些疑惑，但他的好奇心驱使他向前看个究竟。肯急步冲上前去，但在天桥转角处等待他的却是一具年轻女孩的尸体。

肯急忙向警方报案，当地警方赶到案发现场后，发现死者是一名西班牙女孩。当时纽约刮着很大的风，风将女孩身上的外套掀开了，警方可以清楚地看到女孩的面容。警方在确认被害人已经死亡后，立即对被害人的遗体做了初步检查。法医掀开死者的毛衣察看，他可以清楚地看到死者的胸口上被刺了几刀，但伤口没有血液流出，死者的脖颈上还有一道瘀痕。

通过这些信息，警方对这起案件做了一个初步推断，死者很可能是被人谋杀的，而发现死者的地方应该只是凶手的弃尸地点，并非是作案现场。负责处理此案的警官加里 · 杜根在 45 分钟后又接到了一条从警局传来的消息："住在 23 号街区的一户人家向警方报案，他们家的女儿在案发当天失踪了，而且这户人家就是西班牙移民。"加里马上意识到，这名受害者很可能就是那户人家失踪的女儿。

加里和助手赶到了这户人家位于东河码头的公寓里，在这里他们证实了自己的猜测，那名遇害的西班牙女孩就是这家人的女儿，她的名字叫作宝拉 · 伊莱拉。宝拉是近期刚从哥伦比亚来到美国的，她还不会说英语，她在这里上学为的就是学习英语。宝拉的性格沉静，她的家人对她也呵护有加，从不允许她交往乱七八糟的朋友。

警方在宝拉家搜集线索的同时，进一步的尸检结果出炉了。宝拉的胸腔被刺了三刀，她的脖颈上有明显的勒痕，她的骨盆附近有明显的挫伤，这些挫伤是钝器造成的，这就意味着她可能遭到了性侵犯，但法医没有在死者的身体内发现属于凶手的精液，不过法医在宝拉的尸体上发现了一根不属于宝拉的毛发，警方从这根毛发中提取到了凶手的 DNA 样本。

宝拉的叔叔告诉警方，案发当天，宝拉放学回家，她是在 4 点 45 分的时候回到公寓门口并按响了 13 楼的门铃，当时宝拉的叔叔和奶奶都在家，他们通过大楼的通话装置和宝拉对了话，然后遥控打开了单元楼的大门，但宝拉一直没有到家。

警方认为：犯罪凶手很可能就是在宝拉进入单元楼后作的案，他先用绳子将宝拉勒死，然后将她的尸体转移到别的地方，等到侮辱过被害人的尸体之后，凶手又刺了死者三刀，做完这一切之后，凶手将被害人的尸体转移并丢弃在人行道前方的天桥下。由于警方最初将此案当作个案处理，所以并没有邀请犯罪心理画像专家参与，他们只是按照以往处理凶杀案的流程仔细排查了整个单元楼内的所有住户。

警方在这栋单元楼的一个女性住户那里了解到，当时宝拉曾和她还有另外一名男子一同乘坐电梯，宝拉先下电梯，然后那名男子又上一层，也下了电梯，她是最后下的电梯。警方经过调查，发现那名与宝拉同时乘坐电梯的男人叫阿龙·沃夫德，这个人也是居住在这栋楼内的住户。警官加里查到了阿龙的住址，但他们先后去那儿访问了六次，每次都没有人开门。

警方在阿龙家门前留下了联系方式，希望他可以主动和警方联系，但这个愿望一直没能实现。由于阿龙只是警方众多嫌疑人名单中不起眼的一个，警方也不能因为他与宝拉同时乘坐一次电梯而重点怀疑他，而且此时警方手中还有很多比他更有嫌疑的对象。警方决定先调查宝拉是否在放学回家的路上就被人跟踪或者有没有私下交往了其他陌生朋友。

警方很快就找到了一个值得怀疑的人，这个人是一家水果店的老板。因为警方认为凶手很可能是用车辆来转移被害人尸体的，所以他们决定先搜查一下这个人的汽车。搜查的结果让警方很兴奋，他们在水果店老板的驾驶室内找到了一幅画。在这幅画中，宝拉身穿寿服躺在一具棺材内，这幅奇怪的画让警方越来越相信自己的推测。

警方开始严重怀疑这名水果店主有作案嫌疑，但水果店主却主动表示他愿意向警方提供自己的DNA，他希望用这种方法来证实自己是无辜的。警方在采集到这名店主的DNA后立即拿到证据分析部门进行分析。DNA检测人员将店主的DNA和从宝拉身上找到的DNA样本相比对，结果发现水果店主的DNA数据与凶手的DNA数据并不吻合，所以这名水果店主并不是杀害宝拉的凶手。

加里不得不重新调查其他嫌疑人，但这些人的嫌疑也先后被洗脱了，随着时间的流逝，整个案子的调查慢慢陷入了僵局，尽管加里和他的助手都很努力，他们不停地思考，仔细查看整起凶案的所有细节，但案子依然没有任何进展。宝拉被害一案也因为证据不足而变成了一桩悬案。

犯罪心理画像专家认为，当时，谁也没有想到这起凶杀案竟然是连环杀手所为，警方只是将这起凶案当成单独的恶性案件进行侦办，他们没有投入足够多的资源，也没有主动邀请犯罪心理画像专家参与，正是因为如此，才使整个案子的调查陷入困境。但是专家们相信，只要是连环杀手在作案，那么他只有两种结局，一种是被警方抓捕，另一种是因死亡而不得不停止作案。

9月10日下午5点，位于哈林区的一栋高楼的顶楼平台上窜起滚滚浓烟，火势非常危急，救火队员们火速赶到现场，他们用高压水枪将高楼的火焰扑灭，但他们无论如何也想不到，引起这场火灾的竟然是一具尸体。等到楼顶上的浓烟散去之后，救火队员们终于见到了引起火灾的“真凶”，这是一具尸体，尸体被人泼上了汽油，然后点燃。显然这是一起凶杀案，凶手用纵火的方式来销毁被害人的尸体。

警方迅速赶到现场，但由于救火队员在扑灭火灾的时候使用了高压水枪，现场可能存留的线索已经全部消失，只留下了一具被烧得面目全非的尸体。警方根据现场残留的一些首饰碎片初步断定，死者应该是一名女性，他们必须在最短的时间内确定这名被害人的身份。斯科特・瓦格纳警官负责此案的调查，他先让警员们调查了附近居民楼内的住户，但这些住户都没能认出被害人的身份。

斯科特警官又调查了警局内所有失踪人口的档案，他还把这起案子的细节发到了各个分局，希望能够尽快得到有用的线索。很快，警方就将这起凶杀案与布朗克斯区走失的一名年轻女性联系起来。她的名字叫乔丽斯・科斯特洛，她的家人也认出了她的首饰，死者的齿痕和牙医记录完全相符，显然受害者就是乔丽斯。

警方决定调查乔丽斯的身世，他们必须从这儿搞懂这名布朗克斯区的年轻女孩为何死在了哈林区。乔丽斯已经结婚，但她的婚姻并不愉快，她的丈夫经常对她实施家暴。警方仔细调查了乔丽斯的丈夫，发现他并没有作案的嫌疑。随后，警方又调查了乔丽斯在遇害当天的所有活动。警方发现乔丽斯家的电话曾多次拨通了东哈林区辛西娅・金家的电话，警方迅速调查了这条线索，他们给辛西娅打了电话，通过这通电话确定了本案的一个重大嫌疑人——阿龙・金。阿龙是辛西娅的儿子，他和乔丽斯是朋友。

警方随即又在犯罪档案库中查到了有关阿龙的犯罪记录，他在年少的时候就曾因为抢劫而被送进了少管所。阿龙同意到警局谈话，斯科特警官主持此次审讯。在这次审讯中，阿龙表现得十分平静，他先是对乔丽斯的死表示哀悼，然后又平静地回答了警方提出的所有问题，他告诉警方，案发当天他和乔丽斯约好一同逛街，但乔丽斯一直没有出现，阿龙表示他当时很担心乔丽斯的安危，但乔丽斯的手机一直没人接听，他还在晚些时候给乔丽斯家打了电话。

阿龙并不避讳警方提出的任何问题，他的坦然让警方没有任何理由反驳他，再加上警方手中也没有哪怕一项可以指控阿龙的证据，警方只能在讯问结束后就放了他。斯科特警官虽然意识到阿龙很不寻常，但无论警方怎样努力，都搜寻不到一条与阿龙有关的罪证，他们只能将阿龙的嫌疑排除掉。最终，乔丽斯惨死一案也和宝拉一案一样归入了悬案资料库内。

一年后，又一起凶杀案的发生让阿龙·金再次走进了警方的视线。1998 年 8 月一个周二上午 8 点 30 分左右，塔夫特居民区的电梯出现了故障，居住在 16 楼的希尔只好走楼梯下楼。希尔顺着楼梯慢慢往下面走的时候，在 15 楼的转角处被一名躺在地上的女人绊倒了。希尔开始以为这个女人在楼梯转角处睡觉，但他仔细查看后，发现躺在楼梯转角处的女人已经死了。

麦克·尤拉克警官和斯科特警官负责此案的调查，他们迅速赶到现场，对现场做了初步侦查。死者是一名年轻女性，她浑身赤裸，四周也没有任何衣物，死者的上半身包裹着一条床单，看上去就像是一张裹尸布。在将死者的尸体送到尸检部门以后，警方马上调查了她的身份。很快，警方就确定了死者的身份，她的名字叫莱希达·华盛顿，她就住在案发现场附近，被害人是在案发前一天晚上失踪的。

尸检报告显示，死者是因为胸腔和喉咙受到压迫而窒息死亡。死者死前还遭到了性侵犯，法医从她的体内提取到了杀人凶手的精液样本，现在警方需要做的就是尽快确认凶手的DNA信息。调查连续进行了6个月，但警方的收获微不足道，眼看这起凶案又要成为悬案，法医提供的DNA数据让案情获得了突破。

法医专家发现莱希达一案中提取到的DNA数据和警方手中的另一起强奸案的DNA数据相符，这起强奸案本来是归属到另外一系列强奸案中进行调查的，但现在警方认为应该将这起案件和莱希达一案放在一起处理。没过多久，警方又将发生在东哈林区的另外三起强奸案也归到了莱希达一案中进行处理。

由于这几起案子归在一起调查，警方不仅成立了针对这一系列案件的专案组，还邀请犯罪心理画像专家参与此次调查。犯罪心理画像专家根据警方提供的线索，发现这几起案子之间有着很多相似的地方。比如，被害的人都是年轻女孩，被害人的身高、体态甚至模样都很相似，而且凶手喜欢在高楼上处理被害人的尸体。种种迹象显示，警方正在调查一个连环杀手，强奸案只是这名杀手在杀人之余犯下的其他罪行。

犯罪心理画像专家认为，警方应该从这些强奸案中找到有关这名连环杀手的线索。警方再一次拜访了幸存的强奸案被害人，在这次走访中，警方发现这几起强奸案中罪犯的作案手法如出一辙，他都是先强迫被害人脱掉衣服，然后撕开被害人的衣物将被害人的眼睛蒙上，嘴巴堵上，再对其实施暴行。这次走访无疑从侧面证实了犯罪心理画像专家的推测，专家再次建议警方根据这些被害人的描述，绘制有关凶手的合成画像，并将这些画像贴到东哈林区各处。

没过多久，纽约市东哈林区的大街小巷就张贴上了有关凶手的合成画像，新的线索一条又一条地不断出现。在众多线索中，其中一条来自东河码头住宅区的线索引起了警方的关注。这里的居民告诉警方，他们应该找一个外号叫“A”的人聊一聊，这个人极其好色且名声很坏。警方在档案库中搜查了有关“A”的线索，他们发现这个人就是阿龙·金，他还有另外一个名字阿龙·沃夫德。最关键的是，这个人的长相和嫌犯的合成画像非常相似，警方没有理由不重点怀疑他。

犯罪心理画像专家认为，如果阿龙就是警方要找的那个连环杀手，那么他不可能只杀害了一名被害人，所以专家建议警方再仔细查看一下档案库内是否还有其他悬而未决的强奸杀人案，这些案子很可能也是这名连环杀手所为。在专家的建议下，警方马上就发现了乔丽斯一案和宝拉一案均与阿龙·金有联系，现在警方要做的就是设法从阿龙·金那里合法地获得他的DNA。

由于警方手中并没有掌握任何有效或可以直接指认阿龙的合法证据，那么如何合法地从阿龙那里获得他的DNA就成了侦破此案的关键。警方决定秘密跟踪阿龙，他们需要观察阿龙的一举一动，如果阿龙向地上吐了痰，那警方就要将痰采集走，如果他丢了纸巾和汽水瓶，警方就要将这些东西从垃圾桶中找出来，以便于可以从这些东西中获取阿龙的DNA样本。

警方的跟踪计划并没有得到他们想要的结果，但不久，阿龙就因盗窃罪被捕。警方终于得到了一个可以获取阿龙DNA的绝佳机会。1999年2月9日，警方事先在审讯室内放上了纸巾、香烟和饮料，他们希望阿龙能够在审讯中使用这些物品，以便于警方从这些东西上获得阿龙的DNA。

在这场审讯中，阿龙拒绝使用审讯室内的任何物品，他甚至连一口水都没有喝过，阿龙的警惕让警方不得不更换了新的策略。警方安排一名女警员乔装成护士，女警员会以卫生部正在检查被拘留者是否患有肺结核为由，让阿龙提供一份唾液样本，阿龙犹豫了一番之后同意了女警员的要求。

当阿龙准备签字的时候，他看到同意书的末尾处有一句唾液将会被用作DNA检测，他马上就拒绝在同意书上签字，这让警方的第二个计划也宣告破产。

犯罪心理画像专家告诉警方，阿龙在被拘留期间一定会喝水的，警方只要把阿龙用过的水杯拿来进行化验就可以了。警方急忙去拘留阿龙的监房内查找水杯，他们一共找到了四个水杯。检验官分别从这个四个水杯中提取了DNA数据，他发现这四个杯子中只有一个与凶手的DNA吻合，但警方又没有办法证明这个杯子就是被阿龙使用过的。

就在警方苦苦思索解决办法的时候，阿龙被保释了。警方拼尽全力向法院申请到了逮捕阿龙的命令，但他们赶到阿龙居住的公寓时，阿龙的室友表示警方来晚一步，阿龙已经离开了。就在警方准备扩大搜索范围的时候，公寓内的电话响了起来，这个电话是阿龙打过来的，他在电话中调侃了警方想要获取他DNA的事情，并告诉警方他会自首，但只能由一辆警车将他带回警局。警方同意了阿龙的要求，但阿龙却利用这个机会带着他16岁的女友安琪莉·斯托林逃跑了。

犯罪心理画像专家建议警方监听阿龙家的电话，阿龙并不是独自逃跑，他还带着他的女友，这样他就一定会在觉得自己已经安全的情况下想办法给家人报平安，警方可以通过这个机会获得阿龙的具体方位。4天后，阿龙果然和家人通了电话，警方通过监听装置确定阿龙就在迈阿密市中心迈阿密之光旅店附近的一个公用电话亭内。

警方迅速赶往迈阿密，他们在这家酒店外密切监视。警方确定了阿龙就住在这家酒店之后，便向迈阿密警方申请了援助，迈阿密警方出动了特警队帮助抓捕阿龙，阿龙在酒店内被捕，被捕时他正藏在被罩下面。阿龙·金被捕后一言不发，他沉默地面对警方的审讯，警方先后拿出了许多证据来刺激阿龙，但阿龙除了激烈否认这些事情是他做的以外，就不再向警方透露任何信息。

犯罪心理画像专家认为，阿龙既然在逃亡的时候依然愿意带着他的女友，那么就可以利用这一点来撬开阿龙的嘴巴，但是让一个未成年少女再次接近这个连环杀手，警方也于心不忍。在审讯即将结束的时候，安琪莉突然向警方提出与阿龙单独会面，向阿龙告别的要求，警方拒绝了她，他们不能让一个女孩跟一个强奸杀人犯道别，但安琪莉的态度很坚决。最后，警方同意安琪莉和阿龙再见上一面。

在审讯室内，安琪莉和阿龙拥抱道别，阿龙一个劲儿向安琪莉道歉，他显得很愧疚，安琪莉突然问了一句“你到底都做了什么？”阿龙就将他所犯下的罪行全部讲了出来。警方马上将阿龙讲的话记录下来，但在此之前阿龙已经叫了律师，根据法律规定，当嫌疑人叫了律师之后，警方就不得对嫌疑人进行单独审问，警方只能采集了阿龙的头发、唾液及血液样本，送到DNA检测室进行化验。

犯罪心理画像专家认为，阿龙之所以向安琪莉进行坦白，除了安琪莉在他心目中有重要地位以外，还与他已经叫了律师有关。阿龙是一个思维十分严谨的杀手，他的杀人行动总是不留任何痕迹，以至于他在东哈林区活跃了整整8年时间，才被警方逮捕。这种人明显是知道如何借用法律保护自己的。阿龙还是个掌控欲非常强的人，即便是被捕以后，这种掌控欲也严格地控制着他的言谈及行为。

DNA化验结果证实了阿龙的DNA样本与4起强奸案及莱希尔·华盛顿被害案的凶手DNA吻合，阿龙的头发样本也和警方在宝拉·伊莱拉被害一案中找到的毛发相吻合，至于乔丽斯被害一案，警方也得到了一些间接证据，这些证据足够将阿龙定罪。阿龙被带回纽约，一切似乎已成定局，但阿龙·金的超强控制欲再一次掀起了风浪。

在等待审讯的时候，犯罪心理画像专家也终于弄懂了阿龙的作案手法，他在将被害人诱骗并杀死之后会使用一种非常大胆的手法转移被害人的尸体，他先用黑色的塑料袋将被害人的尸体伪装成要送去清洗的衣物，然后将装有被害人尸体的黑色袋子放在手推车上，大摇大摆地运往各处，他会在城市内到处乱逛，然后根据当时的心情随意挑选弃尸地点，将被害人的尸体丢在某处，比如天桥下、楼顶或者楼梯间，等等。

法庭审理开始后，警方提供了大量证据，并有130位证人出庭指认阿龙，看似阿龙已经在劫难逃，但他却一直保持着云淡风轻的态度。犯罪心理画像专家认为，这正是阿龙强烈的控制欲望在发挥作用，他应该已经准备好了一套脱罪说辞，并将所有的希望都寄托在这些说辞上。在阿龙看来，他的这些说辞可以将法官及所有的陪审团成员玩弄于股掌之中，这也是他早就准备好的最后一击。

庭审进行到末尾时，阿龙突然站起来要讲话，在法官允许以后，阿龙将警方提供的所有证据一一列举出来，然后用他的逻辑推翻，并反诬警方在陷害他，阿龙的话让法庭不得不延缓了宣判时间。再次开庭的时候，阿龙又做了新的准备，他告诉法官，警方的法医中心在黑市上贩卖人体器官。阿龙还表示他已经从一名神秘男子那里得到了证据，法医部门为了掩饰他们的不法勾当，就将他当成了替罪羊。

阿龙还向法官提供了证据，他的证据就是穿在他身上的一件衬衫，阿龙说证据就在这件衬衫的里层，阿龙当庭脱了衬衫，在法庭上大肆宣讲所谓的“罪证”。阿龙的这套说辞震惊了所有人，但经过核查之后，法官并没有相信阿龙的说法。3天后，法官和陪审团一致认为阿龙·金有罪。

阿龙·金因为谋杀莱希达·华盛顿被判处终身监禁，因为谋杀乔丽斯·科斯特洛和宝拉·伊莱拉被判处250年监禁，因为其他4起强奸案被判225年监禁。不管怎样，阿龙·金残害他人的日子到此结束，正义得到了伸张，阿龙·金剩下的生命都将为自己所犯下的罪行赎罪。

【背景知识】

系列性强奸犯的犯罪心理画像

是什么问题促使一个男人犯下强奸罪行呢？仅仅只是这个男人缺乏必要的自控力吗？作案者是否具有控制或者羞辱受害者的强迫欲望？事实上，这些问题都没有简单的答案。

强奸和正常情形下发生的性行为是完全不同的，在很多情况下，强奸行为只是由愤怒而引发的性犯罪，性虐待狂们被他们幻想世界中的欲望所吞噬时会产生很强的性冲动，并在失去自控力的情况下犯下这种罪行。很多时候性犯罪者只是在他们的幻想世界内策划并演习有关强奸的戏码，但如果他们的性幻想得不到满足，他们就会将幻想世界中的行为付诸现实，这也就是导致一系列性犯罪发生的主要原因。

任何女性都有可能成为强奸犯的潜在被害人。通常情况下，性虐待者不会在日常生活中表露出任何反常的外在特征，他们甚至还比较富有，几乎都是中产阶层，这些人十分注重自己的外表，他们会尽量让自己显得更具有魅力或无害，这也是他们能够将潜在的被害人诱骗到手的一个重要原因。

第十章

格里诺灭门惨案

第三种是指有犯罪倾向的人，比如有过犯罪经历、蹲过监狱的人，行为异常古怪的人，热衷于暴力行为的人，热衷性虐及性侵犯的人，这些人可能犯过罪，也可能没有露出任何可供识别的犯罪特征。但他们内在的幻想及某些精神上的缺陷往往会使他们在特定的情况下实施犯罪。比如，性犯罪者往往都是在性幻想得不到满足的时候才着手作案的。

杰拉尔顿是澳大利亚西南部最大的港口城市，作为澳大利亚最重要的货物出口港之一，杰拉尔顿吸引了大量人口和游客，人们都将这里当作生活的最佳去处。在这座城镇不远处坐落着一个优雅的小山村，这个小山村曾经是澳大利亚西部最早的拓居地。这个村庄的名字叫格里诺，它的自然环境非常优美，很多来到杰拉尔顿的游客都喜欢到这儿体验一番原汁原味的澳洲田园风光。

1993 年 2 月 22 日上午，一对夫妇驱车赶往格里诺，他们是凯伦的好友。凯伦家住在格里诺村外的一处独栋农居中，由于家中缺少人手，周围也没有其他居民，凯伦就邀请了自己的好友来帮忙修缮房屋，这对夫妇就是去凯伦家帮忙的。

等这对夫妇赶到凯伦家门前，他们被躺在地上的一具尸体惊呆了。那是丹尼尔的尸体，这对夫妇当时并没有携带手机，他们只好驱车赶到周围其他住户那里拨打报警电话，随后赶到案发现场的警探们也被眼前的一幕惊呆了，他们从未见过如此残忍血腥的屠杀。警方当即成立专案组，并邀请了犯罪心理画像专家参与此案的调查。警方首先了解了凯伦的人生经历，他们试图从这儿找到有关凶杀案的蛛丝马迹。

20 世纪 90 年代初，31 岁的单身妈妈凯伦带着她的 3 个孩子搬到这里定居，一家人幸福地生活在这儿。凯伦的大儿子丹尼尔已经 16 岁了，他是一个听话的大男孩，经常帮着凯伦做家务以及照看 7 岁的妹妹阿玛拉和 5 岁的妹妹卡特琳娜。凯伦是一个非常友善且富有同情心的女人，她乐于助人、活力四射，但也是这种性格让她在青少年时期就显得异常叛逆。凯伦在尚未成年的时候就怀上了丹尼尔，15 岁就当了妈妈。

凯伦曾尝试着独自照看孩子，但尚且年幼的她并不具备照看孩子的能力。凯伦只好在丹尼尔过完两岁生日后将孩子交给了她的母亲照看。凯伦在 24 岁的时候与安德鲁·艾伦结婚，并生下了两个女儿，但这段婚姻并没有持续很久。此后，凯伦的感情生活一片空白，她独自带着两个女儿生活在格里诺，后来丹尼尔也从祖母那里搬了过来，一家四口愉快地生活在一起。

1993 年 2 月 19 日，凯伦去参加一个派对，丹尼尔在家里照看两个妹妹。当晚，凯伦喝了很多酒，整个派对开到了第二天凌晨 5 点才结束，凯伦搭了一个朋友的车回家，但谁也没有想到就在 48 个小时以后，凯伦会在自己的家里惨遭杀害。凶手的杀人手段极其残忍，以至于澳大利亚官方将所有有关案发现场惨状的描述信息都封存了，禁止媒体向公众透露。警方根据现场的线索还原了凶案发生时的情景。

1993 年 2 月 22 日凌晨 3 点钟的时候，凯伦家十分安静，这所地处偏僻的农宅内只有厨房还亮着灯。凯伦和她的两个女儿早已入睡，只有丹尼尔还未休息。这时一辆汽车开上了通往凯伦家的土路，汽车发动机的轰鸣声引起了丹尼尔的注意，他从房子内走了出来，想要看一看是谁在深夜中到访。

这辆汽车看到丹尼尔从房间内走出后就熄火停了下来，然后从车上走下了一位体格健壮的男子，丹尼尔是认识这个人的，他微笑着走上前去，想要同这个男子说话，但当他走到这名男子身边的时候，男子突然挥动手中的武器，将丹尼尔击倒在地。丹尼尔倒地之后，这名暴徒依旧不打算放过他，他连续挥动手中的武器，这是一把斧头，它重重地击打在丹尼尔的脖颈上，直到丹尼尔再也不会做出任何反应。

杀死丹尼尔之后，暴徒顺着丹尼尔打开的后门走进凯伦家。此时凯伦正在客厅内的地板上熟睡，她丝毫没有察觉到有一名歹徒潜入了她的家。这名暴徒悄悄来到凯伦身边，他抡起手中的斧头重重地砍在凯伦的头上，凯伦当场死亡，但这名暴徒继续折磨她的尸体，直到将她砍得面目全非。

凯伦半裸着身体躺在血泊中，这名暴徒又走进凯伦的卧室，在卧室中不断翻找，最后他拿了一支护手霜重新回到凯伦身边。这名暴徒跪在凯伦的尸体旁，将凯伦的尸体摆成了屈膝跪伏在地的姿势，然后用这支护手霜代替润滑剂，侵犯了凯伦的尸体。做完这一切之后，这名暴徒用沙发垫和毛毯将凯伦的尸体盖住，然后又走进了阿玛拉的卧室。

年仅 7 岁的阿玛拉同样在睡梦中遭到了袭击，她遭受的攻击十分残忍，这名暴徒就像是一名屠夫一样杀害了她。杀死阿玛拉以后，凶手又走进了卡特琳娜的卧室，他一斧头砍死了这名年仅 5 岁的小女孩。在将凯伦一家全部杀死之后，这名暴徒从容不迫地走进浴室，他将身上、手上以及斧头上的血迹冲洗干净，又仔细清洗了案发现场，将所有可能带有他指纹的东西全部带上车后扬长而去。

上午 11 点钟左右，澳大利亚刑事情报科的探员莫夫・卡森斯及法医布林・琼斯赶到案发现场。警方被这起惨绝人寰的凶案震惊了，他们从未见过如此残忍的杀人手段及案发现场，警方十分愤怒，他们怎么也想不通这名暴徒为何要杀死两名尚且年幼的孩子，而且两个孩子都是死在睡梦之中。警方决定不论花费多大的精力，都要将这起灭门惨案破获。

由于当时天气非常炎热，而且还刮着很大的风，澳大利亚警方连续多次增加警力，才将凶案现场的证据全部采集完毕。这些证据包括案发现场留下的鞋印、轮胎印、指纹以及其他法医证据。凯伦一家人的尸体在 2 月 23 日凌晨 4 点钟的时候被空运到澳大利亚最权威的法医中心进行尸检。警方随即安排了大量志愿者对凯伦家附近的大片区域进行搜索，整个搜索行动持续了7天，警方必须将凶手可能遗留下的线索全部掌握。

在搜索行动进行到第三天的时候，警方开始在案发现场采集指纹。警方采用了一种高级指纹采集方法——“碘熏显现法”，在这种方法的帮助下，警方顺利采集到了凶手遗留在案发现场的一枚掌纹，这个掌纹来自凶手的右手小指下边的手掌边缘。犯罪心理画像专家认为，凶手留下的这枚掌纹说明在案发现场中他曾做出了一个用右手扶墙的动作，这个掌纹的印记很浅，说明连续杀人的举动让他觉得有些疲累，但并不是很累，这就意味着凶手很可能是从事体力劳动的。

当时警方并没有数码照相机这种设备，他们只能用石墨照相机将掌印拍下，留作证据。警方还用紫外线灯对案发现场做了二次扫描，在各种滤色镜的帮助下，警方又在发现掌纹的那间屋子的房门上找到了一些油乎乎的痕迹，警方随即将这扇门送到法医部门进行检验。

法医发现这些油乎乎的东西是一种护手霜，这种护手霜在当地很常见，但法医鉴定组检查了整个房间内所有的护手霜，都没能找到这种护手霜的来源。此外警方还在门的内侧发现了3根手指的指纹，但这3枚指纹只有指尖部分，看起来这应该是凶手在关门的时候不小心留下来的。警方现在还有一个疑问，那就是凶手的指纹中为什么会带有护手霜的成分？

在一些特殊的性侵犯案件中，凶手会在凌辱被害人尸体的时候使用护手霜，这些凶手把护手霜当成了润滑剂。在警方的要求下，法医部门专门检测了凯伦下体上是否曾被使用过护手霜，而法医的回复是：“使用过。”

犯罪心理画像专家发现，凯伦一家在整个地区内的风评很好，人们都认识这家人，于是专家就建议警方开通有关凶案的热线电话，并通过媒体将凯伦一家遇害的事件报道出来。热线一经设立，社区内的人们就踊跃地拨打该热线电话，他们争先恐后地向警方提供线索，希望这些线索能够帮助警方，让警方将那个残忍的暴徒绳之以法。

犯罪心理画像专家告诉警方凯伦家的位置很偏僻，她家周围也没有其他居民居住，这样的地理位置在夜间是很难找到的，凶手可以在凌晨 3 点钟准确找到凯伦家，这说明他肯定认识凯伦，甚至还是凯伦的好友。警方怀疑过凯伦的前夫，但他有十分明确的不在场证明，他的嫌疑很快就被排除了。

警方还怀疑过黑帮组织，因为这个区域的大部分人都吸毒，凯伦也是一个轻微吸毒者，所以她很可能是得罪了一些人。当警方调查了所有在附近活跃的黑帮以后，这些黑帮的嫌疑也都被洗脱了。而且案发现场遗留下的脚印很少，这说明作案者应该是一个人，如果是黑帮作案，一般是团伙作案，而且会选择使用枪械而不是使用斧头。

警方在得知了凯伦曾经在案发前参加过一个派对以后，就对该派对的所有成员做了调查。经过调查之后，警方首先怀疑起一名叫比尔·米奇尔的 24 岁男人，这个人是一名农场工人，他在参加派对的时候曾经和凯伦发生过争吵。2 月 20 日凌晨 5 点钟，凯伦曾乘坐比尔的车回家，上午 11 点钟左右，比尔离开凯伦的家，有目击者证实了这一消息。

警方还怀疑凯伦的前男友以及另一个曾经在凯伦家住过的人，此外还有 60 多名轻度嫌疑人。警方从这些人身上都获取了指纹、头发、唾液等 DNA 样本，但当时的 DNA 技术还很落后，警方只能通过 DNA 化验确定一个范围，剔除掉一些完全不具备嫌疑的人，所以案件的调查进展依然十分缓慢。

凯伦一家被害案在当地引起的反响非常激烈，即便是瘾君子也会主动和警方联系，配合警方的调查，很快，警方又有了一个嫌疑人。这个人是一个渔夫，有目击者称他曾在周日上午和凯伦说过话，第二天他就去了达尔文。达尔文警方迅速找到了这名渔夫，他不能提供案发时不在场的证明。

与此同时，鉴定人员还检测出凶案现场发现的那个掌印与比尔的掌印吻合，但由于比尔是凯伦的朋友，他又曾在案发前在凯伦家停留过，所以在凯伦家发现他的掌印并不能证明他就是杀人凶手。就在警方难以判断的时候，比尔突然拨通了报警电话。

警方赶到事发地点之后，发现比尔家的门敞开着，室内的桌子上丢着他的钱包，但室内没有人，正当警方准备搜索室内的时候，比尔惨叫着从外面冲进屋内，他浑身赤裸，身上只围了一条浴巾，浴巾下还在不断往外冒血。比尔告诉警方，他正准备出门，却被突然闯进来的 3 个人制服了，这 3 个人朝着比尔大吼，说派对的主人就是格里诺谋杀案的元凶，他们让比尔说出这个人的地址，比尔说他不知道，这伙人就用刀片割他的下体，比尔瞅了个机会挣脱了这伙人的控制，冲进浴室将门反锁，然后在浴室内拨通了报警电话。等到那伙人走了之后，比尔才跑到屋外藏了起来。

警方随即将比尔送进医院，在比尔接受治疗期间，警方多次向他询问袭击者的相貌，比尔在警方施加的压力下竟然主动承认刚才发生的一切只不过是他自导自演、凭空捏造的谎言，他身上的伤口也是他自残留下的。警方又以制造假证为由将比尔拘留。不久，一名环卫工人在海滨公园的停车场内发现了血迹、精液和一本被利刃割成碎片的色情杂志，公园主人在得知了情况以后马上向警方报道，警方推测这里就是比尔实施自残的地方。

犯罪心理画像专家认为，比尔的种种行为很不正常，他很有可能就是此案的凶手，他这样做的目的就是为了转移警方的目标，并且试图用这样的方法得知警方手中到底掌握了多少有关凶案的线索。于是，专家建议警方对有关海滨公园内的线索一定要保密，并用这些线索来试探比尔。由于比尔只是做假证，所以他很快就被放了出来。警方的试探行动还在准备中，化验部门在分离凶手留下的指尖指纹的时候又遇到了新的难题，他们决定亲自拜访与凶案有关的嫌犯，并获取这些人的指纹。

鉴定人员在农场中找到比尔，他们表明来意，比尔也同意再次提供自己的指纹，但就在提取指纹的过程中，比尔所讲的一句话让鉴定人员打了个寒战。比尔说："你们还在查这个案子？我还以为你们早就将凶手逮到了，我从新闻上看到那个人在海滨公园里干了些奇怪的勾当，被你们抓了个正着。"比尔故作聪明的话无疑进一步证实了犯罪心理画像专家的推测，很明显比尔就是格里诺谋杀案的真凶。

第二次提取的指纹很完善，接着鉴定人员就证实了比尔的指纹和在案发现场找到的指纹完全吻合，而且指纹中提取到的油类物质样本也和凯伦尸体上的油类样本完全相同。这也是比尔到过案发现场最确凿的证据。警方迅速将比尔逮捕，比尔并没有做过多反抗，他很快就认了罪。

警方将比尔逮捕后就对他进行了审讯，并要求他重新回到凶案现场，向警方讲述他作案时的细节。比尔一一照做，在整个讲解过程中比尔都表现得异常冷静，这些凶残的杀人过程在比尔口中仿佛是一件再平常不过的小事，这种冷酷的态度也意味着他丝毫没有悔过之心。

比尔告诉警方，作案凶器被他丢在了一条河中，警方随即对比尔讲的那条河进行了搜索，在河底的淤泥中，警方找到了作案凶器，这是一把劈柴用的斧头，因为劈砍过多人的头骨和颈骨，这把斧头的斧刃上密密麻麻的都是缺口，而且在斧头上还挂着几根属于凯伦的头发。

比尔告诉警方，他在作案前一晚也就是 2 月 21 日，曾经回到了举行派对的那栋房子，他在那儿喝了很多酒，然后又吸食了大麻，比尔还服用了很多处方药，并给自己注射过两次兴奋剂。次日凌晨大约 2 点 30 分左右，比尔驱车来到凯伦家，然后在这儿开始了惨无人道的血腥杀戮。

比尔说他在前往凯伦家之前就已经打定主意要杀死凯伦全家，但后来他又说他不知道为什么要这么做，他似乎又什么都不记得了。犯罪心理画像专家认为，比尔显然是在故意混淆警方的关注点，他试图用这种方法来证明他是在药物作用的影响下才暴起杀人的。但是，比尔将整个凶案都记得非常清楚，作案的过程也非常有条理，处理凶案现场的手法非常仔细，这种行为证明了他并非是“因药杀人”。

1993 年 9 月，比尔·米奇尔公开受审，警方向法庭提交了有关凶案的全部细节及证据，这其中就有比尔亲口叙述的口供，法官认为比尔在作案时思维清晰，因此驳回了比尔因服用药物作案的有关辩护，最终法庭认为比尔有罪，比尔·米奇尔被判犯有 4 项谋杀罪，3 项侮辱尸体罪以及一些与本案无关的其他轻罪（非法持有凶器罪、非法持有注射器罪等）。

1993 年 10 月，最终判决出台，法庭宣判比尔·米奇尔将在重度监控下服刑 20 年，20 年后，比尔有权申请假释。这个判决一经公布，就在当地引起轩然大波，人们纷纷指责法庭，指责澳大利亚政府，要求重新审判。

迫于公众压力，法院只好更改了判决，比尔的假释条款被去掉了，他在有生之年必须待在监狱内服刑。但是后来，比尔又向最高法院申请，要求法院恢复他的假释条款，最高法院最终确定比尔应该拥有这一权利，因为比尔是否会在 20 年后依然凶残如故，依然对社会造成危害，这在 1993 年是说不清楚的。尽管法院的理由很充分，但在大众的心目中，这种判决是不公的，这种判决无法让凯伦一家人得以安息，而这也不是人们需要的正义。

【背景知识】

罪犯的主要分类

意大利著名犯罪心理学家切萨雷·龙勃罗梭曾将所有的犯罪者划分为三个主要类别。

第一种是天生罪犯，龙勃罗梭认为这种类型的罪犯往往在生理方面就具有低等进化的返祖现象，比如下颌骨较为突出、前额部分窄小、毛孔粗大等外在特征。当然并不是说具备这些特征的人就是天生的罪犯，但天生罪犯一定会有返祖特征出现。

第二种就是精神异常的罪犯，这类人生理或者精神方面都有着程度轻重不同的疾病或缺陷。生理有缺陷或者异常的病人很可能会产生过度自卑、妒忌、焦虑等情绪，这些情绪如果得不到排解，就会慢慢升级成精神异常现象，而精神异常者经常会做出破坏自身正常生理状态的行为，这二者是相辅相成的。但最终是否会实施犯罪，主要还是由罪犯的精神状态来决定的，生理问题只会起到限制和制约的作用，比方说，罪犯天生矮小、瘦弱，那他在作案的时候只会选择比他更加矮小、瘦弱的受害者。

第三种是指有犯罪倾向的人，比如有过犯罪经历、蹲过监狱的人，行为异常古怪的人，热衷于暴力行为的人，热衷性虐及性侵犯的人，这些人可能犯过罪，也可能没有露出任何可供识别的犯罪特征。但他们内在的幻想及某些精神上的缺陷往往会使他们在特定的情况下实施犯罪。比如，性犯罪者往往都是在性幻想得不到满足的时候才着手作案的。

第十一章
女杀手艾琳

女性杀人犯的犯罪动机其实和男性杀人犯的犯罪动机很相似，犯罪的理由和原因也基本相同。比如，女性杀手一般都是在贪欲、妒忌、控制他人、报复他人、性变态或者性虐待以及其他类型的精神错乱等因素的影响或主导下实施犯罪的。

2002 年 8 月，艾琳·卡诺·乌尔诺在佛罗里达州的监狱中开始给上帝写忏悔书，再有几周的时间，她就要被执行死刑了，在此之前，她想要将自己生命中所犯下的全部罪行统统交代清楚，以这种方式换取上帝的谅解。犯罪心理画像专家对艾琳的一切都很感兴趣，在犯罪历史上，像艾琳这样的女性连环杀手是很少出现的，专家向警方索取了有关艾琳的全部信息，他们希望能够从这些信息中了解到有关艾琳的一切，并由此找出导致艾琳变成一名连环杀手的真正原因。

1956 年 6 月 29 日，艾琳·卡诺·乌尔诺在美国密歇根州的罗切斯特市出生，从这一刻开始，艾琳的生活就注定是混乱和不幸的，而导致这一切的原因就是她的亲生父母。艾琳的母亲戴安娜在 14 岁的时候就爱上了艾琳的父亲里奥，戴安娜的父母坚决反对两个人在一起生活，原因就是里奥根本就是一个不务正业的坏孩子，但戴安娜和里奥还是在 1954 年 1 月私奔了，后来两人还结了婚。

1955 年 3 月，艾琳的哥哥基斯出生，没过多久，里奥就因为一些轻微罪行而被警方逮捕，为了不蹲监狱，里奥同意去当兵。里奥离开之后，戴安娜也带着基斯离开了，7 个月后，艾琳出生。戴安娜没有能力抚养这两个孩子，她决定将这两个孩子送到自己的父母亲那儿生活，而她也借此断绝了自己和孩子们之间的关系，艾琳和基斯再也没见过他们的亲生母亲。10 年后，里奥因为强奸一名少女而被送进了监狱，他在监狱中上吊自杀了，而基斯和艾琳只能跟着他们的外祖父母生活。

外祖父劳里·乌尔诺和外祖母布丽塔·乌尔诺将基斯、艾琳以及他们的一对儿女放在一起抚养，他们一家六口人生活在密歇根特洛伊城附近。劳里的性格很严厉，他经常因为一些小事情处罚孩子们，在劳里看来，这种暴力惩罚的方法可以让孩子们变得更听话一些。

艾琳在这种环境下长大，她天生就拥有一头金色头发和一双活泼的棕色眼睛，这让她看起来像一个天使。但是，艾琳的脾气非常坏，在她的美丽外表下隐藏着一股积压多年的无名怒火，她经常时不时地发怒，这让其他孩子很反感，因此他们都不愿意与艾琳交朋友。

犯罪心理画像专家认为，艾琳的幼年生活直接影响到了她的内心，外祖父的暴躁、武断也成了艾琳学习的榜样，暴力解决问题成为艾琳处事的一大准则，再加上她严重缺乏亲生父母的关爱，更不懂得事情的对与错，无法形成明确的是非观念，这让她一步步走上了歧途。艾琳的内心早已被扭曲，容易点燃的怒火也只是种种内因所导致的表象罢了。

基斯是艾琳唯一的玩伴，他们兄妹之间的关系看似非常正常且相互友爱，但实际上，两人之间的关系也很古怪。兄妹二人都不允许其他人说他们的坏话，但他们兄妹二人又经常扭打在一起。犯罪心理画像专家认为，这与两人的童年经历有关，哥哥不懂得谦让，妹妹又没有明确的是非观念，这样才使得两个人之间经常爆发“战争”。

艾琳 10 岁那年又发生了一件影响她一生的事情。这一年，艾琳和她的哥哥基斯发生了男女关系，这种关系的发生也让艾琳改变了对“性”的认知，从此以后，“性”成为艾琳获得他人认同并赚取金钱的唯一手段。犯罪心理画像专家认为，扭曲的认知并不能让艾琳明确地判断出自己所做的事情到底是对是错，也没有人告诉她作为一名女孩应该如何自尊自爱。在她看来，这种方法能够获得其他同龄人的认同，还能赚到可以购买烟酒的金钱，这就已经足够了。

渐渐地，艾琳开始和身边的男孩发生关系，她通过这种办法从这些男孩手中获得金钱，她用这些金钱买来东西举办派对，这样她就能找来很多同龄人一起玩耍，并使自己产生一种顺利融入同龄人圈子中的错觉。事实上，这些和艾琳发生过关系的男孩根本不会也不可能去尊重她，因为这些男孩知道，他们可以用各种方法和艾琳发生关系，在他们看来，艾琳实在是太过轻贱了。

艾琳的种种行为让她的学习成绩非常糟糕，尽管她的外祖父母不清楚艾琳会在学校里卖淫，但他们还是知道艾琳经常结交一些坏朋友，这让祖孙之间的关系变得愈发紧张。艾琳经常和基斯一起离家出走，也因此被送到少管所接受改造。1970 年，艾琳在 14 岁的时候就怀了孕。在艾琳的回忆录中，她表示这次怀孕是因为她的一个邻居，她被那个男人强奸了。

艾琳怀孕 6 个月之后，她的外祖父母才知道这件事，他们决定让艾琳放弃这个孩子，艾琳并不反对这件事，因为她自己也没有妈妈。艾琳的外祖父母就将她送到了一个收养未婚妈妈生孩子的地方。1971 年 3 月，艾琳生下了一个小男孩，这个孩子很快就被其他人领养了，艾琳甚至没有和这个孩子见上一面。

当艾琳回到家的时候，她的外祖母布丽塔去世了，外祖母的去世给外祖父带来了非常大的打击，他认为自己已经受够了这两个孩子，他决定将艾琳和基斯赶出家门，再也不允许他们回家。艾琳和基斯同时离开了外祖父家，基斯寄宿在他的朋友家里，而艾琳则依靠她所知道的唯一生存方法，独自去外面打拼。

此后，艾琳就在马路上生活，她沿着马路四处游荡，以卖淫为生。犯罪心理画像专家认为，艾琳其实一直都在找一个叫作“家”的地方，在此后的 20 多年里她也一直在为此而努力，但事实上，童年不幸的生活让她变得越来越极端，而她也逐渐失去了控制身体内愤怒火焰的力量。

艾琳经常跟着一个人漫无目的地游荡几天，然后再换一个人继续游荡，酗酒、毒品、搭便车和各种聚会成了艾琳的全部生活，这样的生活持续了将近 5 年，直到她来到科罗拉多州，在这儿当了一名妓女。

犯罪心理画像专家认为，艾琳这些年来尝尽了人间冷暖，嫖客在艾琳身上获得满足，发泄过欲望之后，对她就会变得刻薄起来，因此艾琳生活得很艰辛。但在她看来，这是她唯一能够做好的工作，她靠这个来养活自己，对艾琳来讲这就是她的全部。

艾琳还因为扰乱社会治安和重度盗窃罪被警方逮捕过，犯罪心理画像专家认为，这种现象就是艾琳难以自控的一种表现，而这仅仅是她狂暴性格投射出的一个缩影。

1976 年，艾琳在佛罗里达州的代托纳海滩定居下来，在这里，艾琳生活的性质并没有发生任何改变，她甚至开始和很多已婚男人通奸并偷窃这些人的钱。这一年，艾琳还得到了她外祖父去世的消息，劳里死在了自己的车库里，而且是自杀身亡。

也就是在这一年，艾琳和一个叫路易斯·菲尔的 70 岁老头结了婚。路易斯很富有，他也愿意为艾琳花钱，这似乎是艾琳过上正常生活的一个好机会，但她已经不能控制自己暴怒的脾气，也无法像正常人那样生活，自然不能够将这段婚姻维持下去，这段婚姻最终仅仅持续了 9 个星期。路易斯向法庭申请离婚，而他提出的离婚理由是：只要他不给艾琳零用钱花，艾琳就会用藤条抽打他。

1976 年 7 月，刚刚离婚的艾琳再次遭到一次重击，她的哥哥基斯死于喉癌。从此以后，艾琳又开始过上了漂泊的生活，她四处流浪，吸毒、酗酒，艾琳尽可能地接待她所遇上的所有客人。

犯罪心理画像专家认为，基斯不仅仅是艾琳的哥哥，他还是艾琳最忠实的伙伴，在艾琳遭遇的所有不幸中，基斯都支持艾琳的选择，失去基斯是艾琳所不能忍受的事情，这也是艾琳再次悲伤、颓废的原因。

1978 年，艾琳试图自杀，她用一把点 22 口径的手枪击中了自己的小腹，但这次自杀没有成功，她被好心人及时送到了医院。在医院中，艾琳对医生说这已经不是她第一次试图自杀了。等到伤势恢复后，艾琳就离开了医院，而且她只接受了非常有限的心理治疗。1981 年 5 月，艾琳在醉酒状态下持枪抢劫了一家小型超市，当时她身上只穿了一件比基尼。

抢劫结束后，艾琳就驾车离开，但她的车太老了，没走多远就在路边抛锚，警方很快就将她抓进了监狱。犯罪心理画像专家调查后发现，艾琳在抢劫前与和她同居的那个男人发生了争执，她想要通过抢劫超市的行为来吸引这个男人的注意，看一看自己抢劫成功后那个男人会有什么反应，而这就是她抢劫的动机，简单又暴力。

艾琳因持枪抢劫罪被判刑 3 年。在狱中，艾琳以读《圣经》打发时间，而和她关在一起的狱友是一个同性恋，这在一定程度上再次影响了艾琳对“性”的理解。1983 年，艾琳出狱后马上又开始了搭便车、卖淫以及四处漂泊的生活。事实上，艾琳并不喜欢这种生活，但她也没有任何选择余地。艾琳渐渐察觉到她和男人之间的关系永远难以得到稳定，似乎没有哪一个男人愿意和她长时间地生活在一起，于是她开始寻找女人一起生活。

在艾琳 28 岁的时候，她成了一名同性恋，她迅速就被同性恋这个群体所接纳，不过这种转折并没有给艾琳带来好运气，艾琳必须面对接踵而至的新麻烦。此后，艾琳经常出没在旅行者酒吧，在这里她结识了 24 岁的泰瑞亚・莫尔，两人很快就建立了恋爱关系。艾琳认为，现在她和泰瑞亚之间的关系正是她想要得到的，她们两个人彼此相爱，她们没有固定的住所，所以两人就在美国各地四处流浪。

犯罪心理画像专家认为，艾琳本身并不是同性恋，但她逼迫自己成为同性恋，在她看来，只有这样才能得到她一直寻找的感觉。在艾琳的回忆录中，她同样将这段与泰瑞亚共同生活的时光当成她一生中最浪漫、最值得珍惜的时光。

艾琳称呼泰瑞亚为自己的妻子，她白天会去高速公路上赚钱，晚上则回到泰瑞亚的身边，艾琳的暴脾气还是会经常发作，但泰瑞亚坚持留在了她的身边。泰瑞亚曾经劝过艾琳，让她不要再去卖淫，但艾琳并不打算放弃这件她早已习惯并且做得很好的事情。在艾琳的生命中，似乎也没有人像泰瑞亚这样无条件地爱着她，她十分珍惜这份感情，所以她希望能够赚更多的钱来养活泰瑞亚，并借此将泰瑞亚永远留在身边。

1989 年，艾琳已经 33 岁了，长时间的流浪生活让她快速衰老，此时的艾琳已经没有了年轻时的美貌，这也就意味着她将失去在高速公路上吸引顾客的资本。泰瑞亚在一家汽车旅店找到了一份保洁工作，但这依然不能改变她们两人生活贫困的现状，这种情况很快就给两人之间的关系带来了新的压力。

犯罪心理画像专家认为，艾琳已经深深沉迷在她和泰瑞亚之间的关系中，泰瑞亚就是她的全部，是她活下去的希望，所以艾琳会想尽一切办法来留住泰瑞亚，而她所面对的首要问题就是获取大量金钱，以减缓生活带给她们的压力。事实上，艾琳之所以变成了一个人们谈之色变的女杀手，其根本原因就在这里。

1989 年 11 月 30 日，51 岁的电器维修工理查德·马洛里正准备去坦帕市外的代托纳海滩上参加一个周末聚会，在赶往聚会地点的路上，理查德遇上了艾琳，他同意与艾琳发生关系，于是就载上了艾琳。理查德将车停在了公路附近的一处树林中，两个人在车内一边喝酒一边聊天。

天色慢慢暗了下来，理查德喝得有点多，也就在这个时候，艾琳掏出了藏在她衣服内的那把点 22 口径的手枪，她朝着理查德的胸口及后背连开 4 枪，理查德当场死亡。杀死理查德之后，艾琳将他身上的所有现金取走，将他的尸体拖到车外，用在附近找到的一条毯子将他的尸体遮住，然后开着他的车逃走了。

回家之后，艾琳就将她刚刚所做的一切都告诉了泰瑞亚，但由于艾琳的口气太轻佻，泰瑞亚不敢相信艾琳口中所讲的事情是真的。当天晚上，艾琳就和泰瑞亚搬了家，然后艾琳将理查德车内的所有东西都取了出来，她将这些东西包好埋在土中，又仔细地将车内可能留下指纹的地方全都擦了一遍，最后将这辆车丢弃在了另一个地方。

第二天，警方就找到了理查德的汽车，但在两周后，理查德的尸体才被人们发现，由于缺少线索，这件案子成了悬案。而在此期间，泰瑞亚也站在了艾琳这边，她认为艾琳已经将身体内的愤怒发泄掉了，艾琳会慢慢变好的，所以她没有去警察局报案。

犯罪心理画像专家的看法与泰瑞亚刚好相反，在专家看来，艾琳的这次杀人行动确实有发泄的成分，但这种发泄方式根本不可能改变她的现状，杀人抢劫也不是维持生活的正确方法，如果艾琳发现自己的所作所为可以轻松逃过法律的制裁，那么，她就会继续作案，继续用这种错误的方法来减缓生活给她带来的巨大压力。

事情的发展果然不出专家所料，在休息了 6 个月之后，艾琳又先后作案 3 次，分别杀害了大卫・斯皮尔斯、查尔斯・卡斯卡顿以及彼得・赛姆斯。这些被害人并非都是想与艾琳发生关系，有的甚至是看到艾琳独自一人站在路边，以为她是一个需要帮助的可怜女人。但对艾琳来讲，这些人有车、有钱，正是她下手的最佳对象。

通常情况下，一些连环杀手在作案的时候都会对受害者实施侮辱或者性虐待，但艾琳并没有这样做，再加上艾琳每次作案后都会将死者和死者的汽车分别丢弃在不同的地点，而且她还会将可能留在车内的线索清除干净。所以，警方并没有意识到这些凶杀案是同一人所为，这 3 起凶杀案也被归为悬案。

1990 年 7 月 4 日，艾琳和泰瑞亚一起驾车出门，这辆车是第 4 名被害人彼得·赛姆斯的车，他在 3 周前被艾琳杀害，艾琳还是用老方法将他的尸体处理掉，然后开走了他的车。就在泰瑞亚驾车转过一个弯道的时候，她不小心将车开进了路边的深沟里。

艾琳和泰瑞亚都没有受伤，但当救援人员赶到的时候，艾琳意识到这辆车很可能会给她带来麻烦。于是，艾琳先偷偷地将这辆车的车牌掰下来，扔到了旁边的灌木丛中，又在一名救援人员靠近她们的时候出手打了他，然后就拉着泰瑞亚急急忙忙地逃走了。警方随即对这起奇怪的案子展开了调查，但他们并没有找到救援人员所描述的那两个女人，因为她们已经搭便车逃回了代托纳。

警方虽然根据救援人员的描述绘制了艾琳和泰瑞亚的画像，但他们害怕张贴这些画像会打草惊蛇，所以只在一家报社发行的报纸上刊登过一次。在后来的 5 个月中，艾琳又杀死了 3 名被害人。现在，警方已经非常确定制造这些凶杀案的杀手应该是同一人，因为虽然这些被害人的尸体被丢弃在 5 个不同的郡县，但这些人都是被点 22 口径的手枪打死的，所以警方决定将与此案有关的嫌疑人画像在全国范围内张贴，以便于获取有关凶杀案的线索。

嫌疑人的画像被张贴后不久，警方就收到了很多从代托纳海滩和奥兰治港地区打来的电话，这些好心的居民告诉警方画像上的这两个女人曾经在这里住过。此时，泰瑞亚已经离开了佛罗里达州，她去了北部的宾夕法尼亚州投奔她的姐姐。泰瑞亚清楚地知道，她必须离开艾琳，否则她的生活就会被艾琳毁掉。

现在，艾琳独自一人生活在佛罗里达州，她的处境很凄凉，她甚至不知道警方已经注意到她了。12 月下旬，警方又在当铺内发现了艾琳曾经在这出售过的被害人的遗物，艾琳在当票上留下了她的大拇指指纹，警方通过指纹比对，迅速查找到了近期在佛罗里达州频繁作案的连环杀手的名字——艾琳·乌尔诺。

1991 年 1 月 9 日，警方在名字叫作“最后的港湾”的酒吧内逮捕了艾琳·乌尔诺。逮捕艾琳之后，警方很快在宾夕法尼亚州找到了泰瑞亚，泰瑞亚非常配合警方的行动，她将自己知道的所有信息全部告诉了警察。而此时，艾琳也陷入了一个两难的境地，她必须在为自己辩护和保护心爱的女人之间做出选择。

泰瑞亚承认，在艾琳所犯的这些罪行中，至少有一起谋杀案她是知道的，但公诉方并没有任何证据能够证明泰瑞亚是参与过谋杀的，所以公诉方决定不以任何罪名来起诉泰瑞亚，但泰瑞亚也必须帮助警方，说服艾琳向警方招供出她所犯下的全部罪行。

警方让泰瑞亚给艾琳写了一封信，并在信中写上了泰瑞亚的电话号码。1 月 14 日，艾琳拨通了泰瑞亚的电话，这次通话之后，艾琳决定向警方坦白所有罪行。1991 年 1 月 16 日，艾琳向警方坦白了一些罪行，并告知警方这些事情全部都是她一个人做的，但艾琳还告诉警方，她之所以杀死这 7 个男人，原因就是这些人曾经试图攻击她，她只是在自保的情况下才不得已杀死了对方。

最后警方决定以 6 项一级谋杀罪起诉艾琳，艾琳的故事很快就传遍了整个美国，人们都为这个连环杀手的出现而感到震惊。犯罪心理画像专家表示，艾琳和其他连环杀手是不同的，她是个女人，首先作为一名女连环杀手，这在连环杀手的群体中十分罕见，即便是一些女性杀人犯，她们杀死的往往是自己的朋友或者亲人，并不会去杀害陌生人。正是这样的原因，才让警方在破案的时候无从下手，直到艾琳自己露出了马脚，警方才将她抓获。

1992 年 1 月 25 日，艾琳在被捕一年后被送往佛罗里达州的沃卢西亚郡接受审判，法庭这次审理的是理查德被杀一案。泰瑞亚将以证人的身份出现在法庭上，她会在这里公开指证艾琳。泰瑞亚的出现让艾琳有些崩溃，她的极端性格再次爆发出来，艾琳大声指责警方，向法庭表示她在监狱中经常受到迫害，随即她就愤然离席了。在随后的交叉询问中，艾琳暴怒的脾气让陪审团察觉到了影响她一生的暴力倾向，这最终影响到了陪审团的决定，他们认为艾琳一直在撒谎。

1992 年 1 月 31 日，即使在辩护方声称艾琳·乌尔诺患有一种边缘性人格障碍的情况下，陪审团依然认定艾琳有罪，艾琳·乌尔诺最终因蓄意谋杀理查德而被判处死刑，但整个审判的过程还没有结束。在后续的审判中，艾琳对接下来的 3 次审判都没有表示任何异议，她还主动向法庭承认了另外两起罪行，并要求法庭尽快将她处以死刑。

犯罪心理画像专家认为，艾琳将被困在监狱中狭小的房间内，她大约需要在这里待上 20 年，直到所有和她有关的诉讼全部解决，这种等死的感觉是艾琳难以接受的，她已经失去了她拥有的一切，继续活下去对艾琳来讲并没有任何意义，所以只有被执行死刑，才能真正得到解脱。

2001 年 7 月，艾琳·乌尔诺在巡回法官面前要求法庭结束她的关押过程，加速对她执行死刑。为了能够让法庭对她执行死刑，艾琳再次向法庭坦白，她表示那 7 个被害人都是她故意杀死并对他们实施抢劫的，但是在被处死之前，艾琳又想将某些罪行推到一些警探身上。

事实上，有 3 位警探曾经在艾琳的审判结果出来前试图参与电影的拍摄交易，艾琳认为警方应该彻查到底，因为她相信警方一开始就知道是她杀的人，警方故意纵容她，想让她杀死更多的被害人，这样他们就可以在破获这起凶案的过程中获利，变得富有或者知名。

2002 年 4 月 1 日，佛罗里达高级法院批准了艾琳结束上诉过程的请求，艾琳将于这一年的 10 月被处决。在即将被执行死刑的这一段时间内，艾琳写下了有关她一生遭遇的回忆录，只是她还是试图在回忆录中将某些杀人罪行推到其他人身上，其中就包含了泰瑞亚。2002 年 10 月 9 日，46 岁的艾琳·乌尔诺被执行注射死刑，艾琳终于结束了她既悲惨又罪恶的一生。

【背景知识】

女性杀人犯的犯罪动机

女性杀人犯的犯罪动机其实和男性杀人犯的犯罪动机很相似，犯罪的理由和原因也基本相同。比如，女性杀手一般都是在贪欲、妒忌、控制他人、报复他人、性变态或者性虐待以及其他类型的精神错乱等因素的影响或主导下实施犯罪的。

对所有的连环杀手而言，操控被害人的生死可以满足他们最变态的控制欲望，不过对于女性杀手而言，她们的犯罪过程或犯罪手法一般都会带有很强烈的女性特征。比方说，有些女性为了报复那些把快乐从她身边偷走的情敌，就会在嫉妒心的驱使下决心剥夺自己情人的生命，如果情敌也在现场，那么情敌也有可能会被杀死。

有些被丈夫遗弃的妇女甚至会杀死自己孩子来报复孩子的父亲。有些女性犯罪者会协助她的男性伴侣，帮助他物色、强奸、折磨以及谋杀其他女性。通常情况下，这种女性犯罪者都是某个主导型男杀手的顺从受害者，她们和男杀手有更深一层的关系，如果她们发现自己喜欢看男杀手虐待其他无助女性，那她们就会在虐待和谋杀中发挥积极作用，瞬间转型成一个冷酷、变态、热衷施虐的性攻击者。

第十二章

残忍的团伙作案

儿童心理学家认为，有些儿童可以将痛苦隐藏在内心深处，将所遭受的苦难“内化”，而大部分人则会将自己所遭受的苦难以其他形式发泄出来。事实上，能够将痛苦“内化”的儿童更容易犯下谋杀罪行，这是因为这些儿童长期以来一直都在压抑自己内心中的愤怒，这种被压抑的情感一旦到达临界点，就会爆发出超乎寻常的威力，这些儿童也就会失去自我控制的能力，犯下一些常人难以理解的残暴罪行。

在新南威尔士州南部的迪福莱纳区，16岁的女孩贝弗爱上了邻居家的男孩凯里·鲍尔丁。在相恋了5年的时间以后，两人决定结婚。婚后，夫妻二人在当地的小城市瓦格瓦歌买了一套公寓，然后就在这儿定居了。凯里的木工生意很不错，他很爱贝弗，一家人生活得非常幸福。很快，夫妻二人生育了他们人生中的第一个孩子——卡罗琳。1967年，两人的第二个孩子——珍妮也出生了。4年后，珍妮的妹妹盖尔出生，珍妮10岁那年，她又有了弟弟戴维。

在贝弗家的这些孩子中，珍妮无疑是最讨父母喜欢的一个，她也是所有孩子中最漂亮、最活泼的一个。珍妮的性格十分友善，她总是会无偿地帮助其他人，因此，珍妮又有了一个“小天使”的称号。高中毕业以后，珍妮准备离开父母去悉尼生活。因为珍妮的姐姐也在悉尼工作，而她的父母又认为她们姐妹之间应该多接触，所以就同意了珍妮的请求。

珍妮来到悉尼以后，很快就在一家银行找到了一份工作，她和姐姐一起住在父母为她们购买的别墅内。这栋别墅建造在克罗努拉度假村，是悉尼南部最好的滨海郊区度假公寓，那儿有着非常优美的自然风光，珍妮很喜欢那里。

1978年，珍妮认识了消防员史蒂芬·墨兰，他们两个一见钟情，很快就确立了情侣关系。1988年4月，两人订了婚，珍妮开始非常渴望做一位新婚妈妈，她经常和有孩子的妇人交朋友，并无条件地帮助她们带孩子，以此来品味一下提前做妈妈，照顾小宝宝的感觉，当然，她也非常想有一个属于自己的孩子。

1988年9月7日，珍妮在史蒂芬家住了一夜。第二天早上，珍妮并没有直接驾车返回克罗努拉，她偷懒将车子停在了萨瑟兰火车站附近的一处停车场内，然后去火车站乘坐火车上班。珍妮无论如何也不会想到，正是这个决定给她带来了厄运。萨瑟兰火车站是该区域的交通枢纽，这个地方聚集着大量闲杂人等，有很多流浪者和不良青少年也将这里当成了他们的活动“基地”。

犯罪心理画像专家认为，很多流浪青少年都处在叛逆期，这些人要么是和家人失和而离家出走，要么就是不喜欢被父母监管，他们年纪尚幼，既没有明确的是非观念，又容易误入歧途。因此，这些青少年经常触犯法律，但即便是这些青少年触犯了法律，社会仍然愿意包容他们，这也是澳大利亚官方不愿意透露这些少年犯罪者的真实姓名而以代号“甲、乙、丙”称呼他们的根本原因。

1988年9月8日，16岁的流浪儿甲独自走在中央火车站附近的人行道上。尽管甲只有16岁，但他却有着偷车、入室盗窃、纵火等一系列犯罪前科，很显然，他就是个问题少年。甲在人行道旁边的长椅上遇到了詹米森。詹米森今年21岁，他的母亲在怀他的时候因为酗酒使他先天发育不良，他的身材矮小，因此又有了一个“矮子”的绰号。

詹米森在11岁的时候离家出走，他在这10年中先后犯下了许多罪行，其中就包括性犯罪、抢劫以及蓄意伤害等罪行。詹米森和甲一起在火车站附近闲逛，很快他们两个又遇到了乙。乙是一个15岁的流浪儿，他在5岁的时候被政府送进了福利院，但他屡次从福利院中逃出来，相对于福利院，他更喜欢流浪街头。

在警方的档案中，乙曾经多次受到性侵犯和偷窃的指控，但他都狡猾地逃脱了法律的制裁。乙还结交了一个名叫卡罗尔·艾洛的智障女孩，卡罗尔是不久前刚从乡下偷跑出来的，她来到悉尼的时间还没多久。随后，丙也加入了这个小群体中，丙的年纪很小，他只有 14 岁。丙是近几年才开始在街头风餐露宿的，他在几天前认识了甲，事实上，这次聚会也是这个小群体的首次聚会。

犯罪心理画像专家认为，在这些青少年的心中，他们将排定座次看得很重。武力值高的、做过坏事情多的人就是这个小团伙的老大。很明显，这些人里除了丙和卡罗尔都有过犯罪经历，而詹米森、甲和乙因为曾屡次从法网中逃脱，使得他们打心眼里蔑视法律，这也是他们不断将犯罪行动升级的根本原因。

为了保证这个团体可以继续维持下去，这伙人必定会在首次聚会的时候做出一些平时不敢做或者没有做过的事情，只有这样才能使团伙内部的成员产生更刺激、更好玩的感觉，在进行团伙行动时可以比平日里自行活动时更能获利，这才可以将整个团体维系下去，团伙成员才会继续待在一起。

丙加入这个团伙后没多久，团伙成员们的话题就转移到接下来要进行的活动上。这时，甲提出了一个让人毛骨悚然的提议："嗨！兄弟们，咱们今天找个妞来强奸一通怎么样？"听了甲的话，整个团体先是一阵沉默，随即"矮子"就接口道："好啊！这个提议不错！"矮子的话点燃了整个团体的气氛，所有人都赞同甲的提议，罪恶就这样开始了。

下午，这伙人登上了开往萨瑟兰的一趟列车，在车内，这伙人言行粗鲁，他们大声吵闹，肆意骚扰周围的其他乘客。在列车行驶期间，"矮子"詹米森还拿出了一本色情杂志，用非常下流的言语侮辱了一名女乘客。詹米森的言行极为丑陋，他给那名女乘客留下了非常深刻的印象，正因为如此，他才会在设法脱罪的时候，因为这名女乘客的指认而被法庭判处刑罚。

1988 年 9 月 8 日傍晚，詹米森一伙人正在萨瑟兰火车站附近游荡。19 岁的实验室技术员，克里斯汀·莫蓓丽从萨瑟兰火车站下车，然后就朝着停车场走去，当她快要走到停车场旁边的时候，克里斯汀透过停车场外的铁丝网看到停车场内聚集着一群游手好闲的青少年，这些陌生少年立马让她警惕起来，她一边观察这群人，一边从挎包中取出她的汽车钥匙。

待在停车场内的这群人正是“矮子”一伙，当他们注意到克里斯汀是一个人走进停车场，而四周又没有其他人的时候，这伙人马上就起了歪心思，他们相互示意一番之后，就站起身走向克里斯汀。克里斯汀马上注意到了这伙人的举动，她急忙打开车门钻进汽车，然后将车门关上。

这时，那伙年轻人也走到了车前，一个个子稍微高一些的年轻人开口说话，他先向克里斯汀问了时间，克里斯汀回答了他。然后，这名年轻人又问她有没有带香烟，或者有没有带钱，克里斯汀注意到这个人在说话的时候悄悄从兜里掏出了一把弹簧刀，她马上发动汽车逃走了。

克里斯汀逃回家以后，急忙将她遇到的事情告诉了她的男朋友巴里。巴里在工作的时候伤到了腿部，他近期一直待在家里养伤。在得知了克里斯汀的遭遇后，巴里马上决定要向警方报警。萨瑟兰的执勤警官详细记录了这件事情，但警局并没有重视这件事儿，所以警方也没有派遣警车赶往现场进行调查。

珍妮在晚上 6 点多的时候乘火车返回萨瑟兰，她沿着停车场旁的斜坡走向汽车，就在她掏出钥匙打开车门的一瞬间，几个年轻人突然出现在她的身后。这伙人中的一个高个男孩冲着珍妮打了个招呼，他先向珍妮问了时间，然后又询问她身上是否带有香烟和钱。珍妮生性友善，她并没有察觉到这伙人的险恶用心，以为他们只是在和自己开玩笑，于是她摇头拒绝了对方，但就在这时，讲话的这名男子突然持刀挟持了她。

这名男子用力勒着珍妮的脖子，他和另外两名男孩将珍妮挟持到汽车后排座位上，一个卷发男孩则迅速钻进驾驶室，还有一名女孩坐进了副驾驶室。克里斯汀和巴里报案之后决定再去案发地看一看那伙人是否还在那里，当他们赶到停车场的时候，刚好看到了珍妮被这伙人挟持的一幕。巴里因为腿部骨折，并没有击退匪徒的能力，所以他和克里斯汀只好再次赶往警察局报案。

警方接到报案后，马上安排警员赶往现场，但警方的这次行动却出现了一个重大失误，由于萨瑟兰火车站附近有很多停车场，警方赶去的那处停车场并不是克里斯汀所说的那处，正是这个致命的错误导致最终没能阻止惨剧的发生。尽管警方随后又检查了附近的好几个停车场，但此时作案者早已驾车离去，警方根本不可能在停车场内找到任何与绑架案有关的线索。

第二天早晨，一名巡警在 4 号公路上巡逻的时候发现了一辆被遗弃在路边的汽车。在对这辆汽车进行仔细检查后，这名警察发现车内的情况十分混乱，后排车座上散落着一些女士内衣，在遗弃车辆不远的地方，警察还找到了一个女式手包。随后赶来的警官立即组织警员对遗弃车辆周围进行搜索，在这儿，警方又陆续找到了一些属于珍妮的物品。

经过调查，警方发现，这一天，珍妮没有去公司上班，而她的未婚夫史蒂夫在前天晚上和她告别以后就再也没有见到过她。由于珍妮的姐姐昨晚并没有在家，所以警方又询问了度假村的管理员，确认珍妮昨晚没有返回公寓。

现在警方基本上已经可以确定珍妮失踪了，而且她还很可能是遭到了绑架。警方打电话给珍妮的父母，向他们报告了珍妮失踪的这件事情。尽管警方每隔 10 ~ 15 分钟就会给珍妮的父母打一个电话，向他们报告最新的案情进展，但对珍妮的父母来讲，时间似乎早已凝固。

就在警方努力查案的时候，一名社工向警方提供了十分重要的线索。这名社工告诉警方，有两个孩子告诉他，他们偷了一辆汽车，警方迅速找到了这两个孩子，这两个孩子就是参与绑架珍妮案的甲和丙。在随后展开的审问过程中，甲出示了一把有着黄色手柄的弹簧刀，并告诉警方他们知道有一名女孩遭到绑架而且被杀害了，他们还表示愿意帮助警方调查这个案子。

在随后的审讯中，警方再次询问了珍妮是否遇害，甲和丙又改口称他们并不清楚珍妮到底有没有被杀，但他们愿意带警方去案发现场看一看。甲和丙将警察带到了位于米琪保利附近的一处水坝旁，甲告诉警方，这儿就是凶手行凶的地方。警察来到水坝上方，他们一眼就看到了一具漂浮在水面上的尸体，这具尸体就是珍妮。

将珍妮的尸体收殓以后，警方打电话通知了贝弗夫妇，珍妮遇害的这个消息给贝弗造成了十分沉痛的打击，贝弗决定与罪犯斗争到底。犯罪心理画像专家认为，在某种情况下，母亲的意志是超出父亲的，她们往往能够在被推入痛苦深渊的时候爆发出惊人的意志力，贝弗就是在这种意志力的支撑下，承受了常人难以忍受的痛苦，并坚持在法庭上与凶手做斗争。

法医病理学家彼得对珍妮的尸体进行了尸检，彼得发现，珍妮的口腔、气管以及肺叶内都吸入了大量浑浊的液体，显然她是被活活溺死的。彼得又对这些液体进行了比对化验，他发现珍妮体内的水液和水坝中的水液成分是吻合的。因此，这处水坝就是凶手杀死珍妮的作案现场。珍妮的手腕还有一处骨折，彼得估测，这是凶手在将她丢入水坝中的时候摔断的。

在找到珍妮的尸体之后，警方就将甲和丙关进了监狱，在随后的审讯中，这两名罪犯又供出了乙和卡罗尔。不久之后，被警方通缉的詹米森也在澳大利亚黄金海岸被警方逮捕。在审讯中，詹米森承认凶案发生时他就在现场，但他否认自己参与杀人，甲、乙、丙也表示杀害珍妮的不是自己。尽管这5个人的供词各不相同，但警方还是以偷窃、抢劫、绑架、强奸以及蓄意谋杀等罪名将他们告上了法庭。

由于澳大利亚司法系统存在漏洞，警方在录口供的时候，一直将这5个作案真凶关在一起，于是这5个人就开始串供，他们将所有的罪名都推到了一个名叫斯科特·安吉斯的人身上。警方又邀请了克里斯汀指认作案凶犯，克里斯汀认出了这伙人中的甲就是当晚和她搭话的那个男孩，而且，案发当晚就是他亲手挟持珍妮的。

警方分别采集了5个人的DNA，然后拿去与珍妮体内发现的凶手DNA比对，他们发现乙的DNA和凶手的DNA数据吻合。警方还在珍妮汽车的方向盘上找到了乙的指纹，在一家军用品商店内，店主确认了他曾经卖给甲和乙一把带有黄色手柄的弹簧刀。银行提款信息显示，珍妮遇害后，她的银行卡曾在德鲁特山的一台自动提款机上使用过。

有一名认识甲的目击者告诉警方，案发当天，他曾看到甲和一伙人在德鲁特山的一处便利店中购买商品，当时这些人的身上很脏，脚上和衣服上都沾满了污泥。一名珠宝商也找到了警方，他告诉警方，甲在案发当天曾经向他出售了一些女式首饰珠宝，当时甲和其他人身上都沾满了泥污。警方随后确认，甲出售的这些珠宝都是属于珍妮的。

警方根据掌握的信息进一步还原了珍妮遇害的全过程。当克里斯汀赶往警局报告那伙骚扰她的少年正在挟持珍妮的时候，这伙人迅速将珍妮推进了汽车后座，乙负责开车，一伙人向西穿过市区，汽车大约行驶了40分钟以后，这伙人来到了城市西边的郊区，郊区内荒无人烟，这伙人在汽车的后座上对珍妮实施了残暴的性侵犯。

首先是甲，其次是丙，最后是“矮子”，珍妮在汽车后座上遭到了这3个人的轮奸。而在实施这样残暴的罪行时，另一名智力有障碍的女孩就坐在汽车的副驾驶位上，目睹了珍妮遇害的全过程。发泄完性欲之后，这伙暴徒还不满足，甲再次提议：“杀死珍妮。”甲的提议马上让这伙暴徒再次兴奋起来，乙大声附和甲的提议，并将汽车往更偏僻的道路上开去。

汽车顺着4号公路向前行驶，经过米琪保利的一片开阔地时，乙将车停了下来。这伙暴徒将珍妮从车内拖出来，然后放在汽车后备厢上，他们在这儿再次侵犯了珍妮。乙是最后一个侵犯珍妮的人，所以法医在珍妮的体内提取到了乙的DNA样本。这伙人在发泄完兽欲之后，又用绳索将珍妮的手脚捆上，然后将她拖到水坝边，在翻过水坝旁的围栏时，珍妮的手被摔断了，最后“矮子”和甲将珍妮拖到水坝旁，珍妮不停地大声呼救，“矮子”表示他再也不想听到珍妮发出的声音了，于是就让甲动手将珍妮溺死。

甲将珍妮的头按进水边的污泥内，临死前，珍妮的手死死地抓住了一株芦苇。杀死珍妮以后，甲和“矮子”先将珍妮身上的首饰全部拿走，然后才将她的尸体丢进水坝。这伙人还从珍妮的手包中找到她的银行卡以及一张写有银行卡密码的纸条。

做完这一切之后，这伙人才开着珍妮的汽车扬长而去，汽车行驶几公里以后就因故障抛锚了，这伙人顺手将汽车丢在了路边，然后步行前往德鲁特山社区。在这里，他们取走了银行卡上的钱，卖掉了珍妮的首饰，然后搭乘火车前往市区，接着就分道扬镳了。

这5名作案者是完全具备受审资格的，在审理进行了几个月以后，这伙人又突然宣称他们的同伙不是“矮子”詹米森，而是“矮子”威尔森，显然这伙人又一次串供了。法庭不得不暂停审讯，让警方尽快追查威尔森。

在二次审判开始之前，法庭终止了针对乙的谋杀指控，检控方也接受了乙在珍妮被杀时和卡罗尔留在车内的说法，乙对强奸、偷窃、绑架等指控也表示认罪，法庭判处他 10 年监禁。针对卡罗尔的所有指控也被撤销了，因为她患有严重的智力障碍。

1990 年 5 月，第二次审判正式开始，很多目击证人都站出来指认詹米森，其中就包括詹米森在火车上侮辱的那名女乘客。詹米森被关押期间，还曾向他的狱友吹嘘过他杀死珍妮的过程，他表示如果有机会，他还要再杀一次。詹米森的狱友将他所说的一切都上报给了警方，这些证据最终让法庭坚信詹米森就是杀死珍妮的凶手。

在审判的最终阶段，辩方律师又以这伙青少年都患有一定程度的精神障碍为由，试图为他们脱罪。犯罪心理画像专家认为，这伙人的智力显然是完全没有问题的，他们不仅有条不紊地杀死了被害人，还取走被害人身上的财物，这些行为都显示了这伙人是智力健全且在作案时保持清醒的。

犯罪心理画像专家建议警方让这伙人做一个智力测验，只要测试的结果可以达标，就能推翻辩方律师的说法。警方马上就安排了一次智力测验，测试结果显示，这伙人的智商完全正常，他们并没有任何精神问题。

经过连续 4 周的审理，陪审团暂时休庭，他们要做最后的决定。即便是到了这个时候，这伙凶狠残忍的不良青少年依然毫无悔意，他们保持着十分随意的姿势站在法庭上等待审判的结果，他们有说有笑，甚至还满不在乎地向媒体记者们做出带有侮辱性的手势。这群不知悔改、毫无怜悯之心的少年暴徒最终激起了所有人的愤怒，大伙都等着最终判决的到来。

陪审团经过商议后，认为詹米森、甲和丙的挟持、强奸、抢劫以及蓄意谋杀的罪名成立。法官宣判，尽管珍妮被害一案的 3 名作案真凶年龄尚小，但他们作案手段极为凶残，又毫无悔改之心，因此他们应该被处以终身监禁，并且永远不得保释。宣判结果一经公布，整个法庭都沸腾了。即便是正义最终得到了伸张，很多人依然认为，这伙穷凶极恶的少年罪犯应该被处以死刑。

【背景知识】

儿童、少年犯罪

犯罪心理画像专家研究发现，很多犯下凶案的青少年，在他们的童年生活中一直都承受着他人的忽视或者虐待，在这种环境的影响下，这些青少年就会慢慢地相信暴力是一种可以接受的表达愤怒的最佳方式。

儿童心理学家认为，有些儿童可以将痛苦隐藏在内心深处，将所遭受的苦难“内化”，而大部分人则会将自己所遭受的苦难以其他形式发泄出来。事实上，能够将痛苦“内化”的儿童更容易犯下谋杀罪行，这是因为这些儿童长期以来一直都在压抑自己内心中的愤怒，这种被压抑的情感一旦到达临界点，就会爆发出超乎寻常的威力，这些儿童也就会失去自我控制的能力，犯下一些常人难以理解的残暴罪行。

英国的一位青少年法庭精神病咨询专家认为，遭受过剥削、排斥以及在生活中经常失意的青少年都有着比较低的自尊心，在这些青少年看来，他们之所以会被恶意对待，是因为他们不值得被他人关爱和保护。在生活中，这些人会意识到尽量孤立自己或者变得暴力、残忍起来，能够给他们带来一种不同寻常的力量，富有攻击性的行为还会让其他人关注到原本无人理会的自己。

在这些孩子看来，即使是负面的关注，也比被人忽视更好。而他们内心的愤怒也会强化他们所做的异常或凶残行为，这种行为引发的后果又会反过来强化他们内心中的错误认知，由此进入一个恶性循环的过程，最终使他们转变成无恶不作的少年杀手或者连环杀手。

第十三章

变态杀人狂魔

从某种意义上来讲，具备反社会行为的犯罪者，在幼年的时候都会具有非同寻常的无惧、无畏等情绪，并且这些人的自我控制能力非常差。出现这种结果的原因其实与父母管教不良或者过于严苛、长期虐待孩子、忽视孩子的感受等种种行为有着直接关系。

一直以来，电影把各种美好或恐怖的事情活灵活现地呈现在世人面前，美好的电影且不去提，单说那些恐怖的电影，也不全是电影创作者凭空捏造而来的。一般而言，恐惧的情景大多是来自于人们的想象，但如果这些想象中的恶魔出现在现实世界中，那他们就能带给世人更为强烈的恐惧感。

影片《精神病人》中的诺曼·贝茨、《德州电锯杀人狂》里的“皮脸魔”以及《沉默的羔羊》里面的“野牛”比尔，都是一些被世人所熟知的恐怖电影角色。不过，很少有人知道，这些角色的原型其实都是来自于现实世界中的一个变态杀手，他曾经犯下了让人难以想象的恐怖罪行。

这个人的名字叫作艾德·吉恩，他不仅会对活人痛下杀手，甚至连死人都不会放过。在吉恩案发以后，警方曾在他的房间内找到了大量由人类骨骼制成的器具。随着案情的深入，越来越多的新发现、新证据无疑证实了吉恩的行为是毫无人性又极度变态的。

吉恩一度成为美国人心目中恐怖的代名词。当然，也正是吉恩身上的某些“特质”吸引了犯罪心理画像专家，专家们对他产生了强烈的好奇心，他们仔细调查了有关吉恩的一切，试图通过这些尘封已久的线索解读出隐藏在“变态杀人狂魔”背后的秘密。

事情要从 20 世纪 50 年代说起。在美国威斯康星州的风蚀平原上，有一座名叫“平原镇”的小镇。在 1957 年间，这座小镇上只有 700 多名居民。和威斯康星州的其他小镇一样，这座小镇上有一座酒馆、一家五金店和两三家饭店，生活在这里的人安详平静、与世无争。平原镇上的居民一直过着勤劳愉快的生活，但这种美好的田园生活在这一年的 11 月被彻底打破了。

1957年11月16日早晨，威斯康星州一年一度的鹿节开始了。平原镇上的男人们都喜欢打猎，他们都是好猎手。这一天，小镇上的所有男人都会带着猎枪去森林中狩猎，他们会把打到的猎物挂在兽棚内，由专门的人宰杀处理，打到最好猎物的人还会博得其他男人的尊敬。

因为男人们都出门捕猎了，所以镇子的主干道上没有一个人影，整个小镇静悄悄的，尽管如此，小镇上的店铺还是要正常营业。住在五金店对面的琼·莱茵德斯罗姆发现那家店一直到了下午时分也没有开门营业，这是一件很不寻常的事情，58岁的五金店店主柏妮丝·沃顿到底去哪里了？

等到柏妮丝的儿子打猎归来，人们才得知五金店内的情况。当时，五金店内被搞得一团糟，看起来就像是刚刚被打劫了一样，店铺内的地板上还残留着大片血迹。柏妮丝的儿子马上报了警，在向警方提供线索的时候，柏妮丝的儿子提到了一个店里的常客，这个人经常到店铺内做客，就在事件发生前一天下午，他还到店里询问过防冻剂的价格。

这个人就是艾德·吉恩。吉恩独自一人居住在平原镇外的一个孤立农场内。当晚，也就是柏妮丝失踪后的3个小时，警探阿特·史可利和一名助手向吉恩的家中赶去，他们希望从吉恩这儿获得一些线索。

警方赶到吉恩家时，发现房子外面是上了锁的，吉恩没有在家。阿特警探不想白跑一趟，他决定去房屋旁边的柴草房查看一下。这间柴草房在整栋房屋的背面，门上没有上锁，两名警察打开手电筒，小心翼翼地向柴草房走去。

吉恩家的位置非常偏僻，他的家里也没有通电，所以这里在夜晚就显得特别阴森恐怖。伸手不见五指的情况给阿特警探带来了不小的麻烦，两名警察只能借助手电筒发出的微弱光亮一点一点地仔细查看房间内的情况。

突然，阿特感觉到自己的肩膀似乎碰触到了某种东西，他举起手电一照，眼前就出现了一具被倒挂在房梁上的无头女尸。阿特警探惊呆了，他从没有见过如此残忍、血腥的案发现场，他愣愣地盯着这具就像是一头被屠宰的鹿那样挂在房梁上的尸体，一时间竟然忘了此行的目的。

幸运的是，阿特是一个经验丰富的老警探，呆愣了一会儿之后，他就急忙招呼另一名警员退出柴草房，最大限度保护案发现场，然后在第一时间通知了警局，让警局尽快搜捕艾德·吉恩。吉恩就待在小镇内，他很快就被警方抓到，在将他收押之后，警方又紧急组织大量人手来到吉恩家的柴草房，他们必须尽快将案发现场勘查清楚。经过初步检查，警方确定，这具被倒挂在柴草房内的尸体就是当天下午失踪的五金店店主——柏妮丝·沃顿。

警方随即又搜查了吉恩家的其他房间，屋内的景象让所有参与调查的警察直冒冷汗。在手电筒微弱的灯光下，警方完全被眼前混乱、恐怖的景象震惊了。吉恩的屋子里十分脏乱，屋内的地板上堆放着大量垃圾，显而易见，吉恩是一个从来都不打扫卫生的人。

警方还在屋内的显眼处找到了许多被堆放在一起的人类尸骨，这些骨头被随意堆在地板上、墙角处。在这些尸骨中，警方还找到了一串用人类头骨做成的珠链，珠链打磨得非常精致。在客厅内，警方还发现了由人皮制作的煤油灯罩、一对护腿和一些放在器皿中的人体器官。此外，警方还发现，客厅内所有沙发上的垫子全都是用人皮制成的。

在吉恩的卧室内，警方又找到了一些被挂在墙上的人皮面具。通过检查，警方确认这些面具全都是由整张人脸制成的，显然，吉恩应该是先将被害人的脸皮整个剥下，然后再在上面糊上纸，利用处理毛皮的手法慢慢做成了人皮面具。

有一名警员还在屋内找到了一个棕色纸袋，他打开这个纸袋以后，首先看到的是一些干枯的棕色毛发，这名警员想要看看这个袋子里放的是什么，于是就抓着这些毛发将袋子内的东西拽了出来，但他怎么也没有想到出现在自己眼前的竟然是一张女人的脸。

警方很快就认出了这张脸，她是当地一家酒吧的老板，她的名字叫玛丽·霍根。在警方的档案中，玛丽是在 3 年前的某一天失踪的，谁也没有想到她的失踪竟然和吉恩有关。这哪里还是一个人的居所？这分明就是一个恶魔的巢穴！

所有的警探都十分愤怒，他们决定立即对吉恩进行突击审讯，但吉恩始终拒绝回答警方提出的任何问题，他沉默地待在监狱内，不发一言。案发 30 个小时以后，吉恩突然要警方给他一个涂上奶油的苹果派，在吃了这个苹果派以后，吉恩直接开口说话了，但他只承认杀过两人，这两人分别是柏妮丝·沃顿和玛丽·霍根。至于警方在他房间内发现的其他尸骨及人皮制品，吉恩解释说那都是他用从当地墓穴中偷来的尸体做成的。

艾德·吉恩的那些令人发指的行为迅速传播了出去，整个美国都知道了他的事迹，各大报社的记者蜂拥而来，他们争相采访有关吉恩的一切信息。是什么让吉恩成为一个恶魔？又是什么让他变得如此变态、残忍？他为何会迷恋、制作那些由人皮、人骨制成的工艺品？吉恩案件所引发的效应持续发酵，很多作家从他的身上得到了创作灵感，《精神病人》一书就是在这个时候写成的，第二年又被拍成了电影，登上银幕。

犯罪心理画像专家仔细研究了吉恩的生活历史，专家们发现吉恩从小就有着非常严重的恋母情结。吉恩的母亲奥古斯塔已经去世 12 年了，尽管过去了 12 年的时间，但是吉恩还是将奥古斯塔住过的房间完整地保存了下来。警方找到这间房子以后，发现尽管房间内的家具上已经落上了一层厚厚的灰尘，但室内的一切陈设都很规整。显然，这间屋子就是吉恩怀念自己母亲的唯一去处。

1906 年，艾德·吉恩在威斯康星州拉克罗斯出生，他还有一个哥哥，名字叫亨利。吉恩的父亲经营着一家杂货店，但他嗜酒如命。吉恩的母亲尽管只是一位家庭主妇，但她有着非常坚定的意志力。吉恩 8 岁那年，一家人在吉恩母亲的强烈要求下出售了这家杂货店，然后举家搬迁到平原镇居住，吉恩一家在平原镇购买了一个 200 多亩的农场，全家人都生活在农场中央的那栋二层小楼里。

由于吉恩一家居住的位置比较偏僻，所以家人们也就很少和外界接触。这种封闭的家庭环境，让吉恩家的气氛变得越来越奇怪，这种奇怪的关系对吉恩的影响尤为强烈。吉恩非常听他母亲的话，在他的心目中，他的母亲就是这家人的全部，就是《圣经》中的上帝。吉恩紧紧跟随着他的母亲，向着未知的方向走去。

吉恩的母亲是一个虔诚到狂热的宗教信徒，宗教信仰给了她非常坚定的信念，但这也让她拥有了不容他人反抗的强大控制欲望，吉恩一家人全部被他的母亲所控制，家人的意志也全部以他母亲的意志为主导。

吉恩的母亲奥古斯塔还会给家人们宣讲《圣经启示录》里面的一些内容，她着重强调女人是邪恶的，她把女人比作陷阱，让吉恩坚信女人会通过各种方法伤害其他人。犯罪心理画像专家认为，吉恩家可以说就是一个孕育精神疾病的温床，4 个家庭成员中的 3 个都被控制在那个有着强烈控制欲的女人手中，她所宣传的歪理邪说在吉恩的内心中种下了邪恶的种子，逐渐使吉恩的心理出现了问题。

吉恩在 14 岁的时候才被允许去学校上学，吉恩的天分不高，他不算是一个聪明的人，性格孤僻、智商不高的吉恩只读到七年级就辍学回家了。

从此以后，吉恩就在自家的农场内干活，他再一次与外面的世界隔绝开来。1940 年，吉恩的父亲因心脏病复发去世，此时吉恩已经 34 周岁，但父亲的去世并没有影响一家人的生活环境，吉恩一家一如既往地生活着。

吉恩的哥哥叫亨利，他虽然也被母亲监管和把控着，但他对生活有着自己的想法，他会尽量做一些能够让母亲开心的事情，但并不是母亲指派的所有事情。1944 年 5 月，亨利和吉恩因为分配财产的问题而产生了争执，当时，他们兄弟因为这个问题都失去了理智，随后亨利就失踪了。

警方在调查这件案子的时候，吉恩很配合，尽管他表示自己也不知道亨利去了哪儿，但他还是带着警察迅速找到了亨利的尸体。当时，警方并没有怀疑吉恩，在他们看来，吉恩不可能亲手杀死自己的哥哥。于是，警方就将亨利意外死亡一案定成了悬案。

亨利遇害以后，吉恩的家中就只剩下他和母亲两个人了，而他的母亲又在这个时候患上了中风。在医院，吉恩非常尽心地照顾着母亲的饮食起居，他的动作十分小心，就像是在呵护他所拥有的最后一件珍宝。1945 年，吉恩的母亲再次因中风住院，这一次，她没能从死神手中逃脱。12 月，奥古斯塔去世，在她的葬礼上，吉恩几近崩溃，失声痛哭的他看起来完全就是一个失去妈妈的小男孩。

犯罪心理画像专家认为，尽管吉恩已经 39 岁了，但他的心智并不健全。吉恩在他母亲的监管下根本不需要操任何“闲心”，而这也让吉恩完全丧失了作为一个成熟男人应该拥有的成熟思维。对吉恩而言，奥古斯塔是他在世上唯一珍惜且被他所“拥有”的珍宝，似乎就在这一瞬间，吉恩在这世界上所拥有的一切全部消失了，而她的离去进一步加速了吉恩心理变态的进程。

奥古斯塔离去以后，吉恩白天就去平原镇上帮其他人做一些杂活，他做工的时候都会十分用心，他还很为雇主考虑，雇主付他一美元，他就能做出其他人要两美元才能达到的效果。因此，当地的人对他所做的工作都很满意，打零工也成了吉恩维持生计的唯一出路。

吉恩案发以后，媒体对平原镇的原住民进行了采访，采访的结果让公众大吃一惊。吉恩在平原镇的居民眼中一直都是一个很好的人，他工作刻苦，对人友善，虽然他总会用很奇怪的眼光注视小镇上的女人，但他从没有做过任何出格的事情。吉恩在小镇上做工的时候，雇主还常常留他吃午饭。种种迹象都显示，吉恩是一个和大家很合得来，再正常不过的青年。

犯罪心理画像专家认为，尽管吉恩白天表现得很无害，但只要回到家里，他就要面对没有母亲的生活。对吉恩来说，没有母亲的生活是不完整的，他无法忍受缺失母亲的感觉，这种感觉让他几近发狂。也正是在这种病态心理的折磨下，吉恩的心理问题一步步发展升级，使他最终变成了一个精神病患者。

在没有母亲的日子里，孤独充斥着整座房屋，没有任何人能够和吉恩沟通交谈，也没有任何事情能够让吉恩从失去母亲的悲伤中恢复过来。在这种情况下，吉恩只能去寻找新的乐趣，以此来转移自身的注意力。

在吉恩母亲的教导下，吉恩的内心是害怕与人交流的，他还尤其恐惧女人，强烈的孤独感又不断地驱使他寻找新的乐趣，吉恩最终找到了一种奇怪的乐趣来满足自己。吉恩开始专门读讣告，他开始对刚刚死去的人感兴趣，吉恩利用读讣告的机会来了解死者的发丧日期以及埋葬死者的地点，然后就会在深夜行动，将刚刚下葬的死者挖出来。

犯罪心理画像专家认为，吉恩偷盗死者的尸体，其实就是用这些偷来的尸体取代他已经过世的母亲，他必须用某些事物替代他的母亲，而尸体就是他最初的选择。也正是这种变态的渴望，一步步引导吉恩变成一个可怕的魔鬼，但吉恩到底有没有吃过死尸或者是否与死尸发生过关系，都需要有进一步的证据来证明。

随着时间的流逝，折腾死尸已经不能满足吉恩内心中病态的欲望，他开始转移自己的目标，就在这时，他开始频繁光顾霍根酒馆。霍根酒馆是当地的一家小酒馆，很多打猎归来的人都喜欢到这儿喝上一杯，用酒精放松一下自己的身体。霍根酒馆的老板娘叫玛丽·霍根，她性格放荡，她粗俗的言语正好符合这些猎人的口味，猎人们还给她起了一个外号，叫作“血腥玛丽”。

犯罪心理画像专家认为，吉恩之所以会选择玛丽，完全是因为玛丽粗鲁的言行，当他看到玛丽的时候，他应该想起了自己母亲奇怪又黑暗的某种形象，这种相似的感觉驱使吉恩将她杀死，并将她的尸体带回农场，让她永远待在那里陪伴自己。

1954年12月8日下午，一位卡车司机来到霍根酒馆，他想给自己的女儿买一支冰激凌，但酒馆内的情况让他感到恐惧。酒馆内的地板上有大片大片的血迹，桌椅板凳散落得到处都是，地板上还散落着很多钱币，而玛丽却不见了。这名司机赶紧报了案，但由于当时警方侦破凶案的手段十分有限，玛丽本人又消失不见了，警方根本无从下手，所以这起案子就被归为悬案。

犯罪心理画像专家认为，吉恩其实是想让玛丽变成自己家庭里的一员，而杀死她就是他将“新娘”带回家的方式。在吉恩看来，只有不会说话也不会逃跑的尸体才能永远地陪伴着他，而他也不用费尽心思和尸体交流，因为他并不善于沟通。

1958年1月6日，警方以吉恩谋杀柏妮丝·沃顿将其告上法庭，但为吉恩进行精神诊断的医生认为吉恩患有精神分裂症。吉恩经常将自己幻想成上帝的使者，他认为自己拥有一种能够将死尸复活的能力。吉恩还会用非常平淡的语气说起一些极其恐怖的事情，这种变态的行为是常人难以理解的。

犯罪心理画像专家认为，吉恩变成现在这副样子，主要是受到他母亲的影响，一方面，吉恩是想让母亲重新回到自己的身边，但另一方面，吉恩又有着亵渎尸体的罪恶念头，也正是这两种想法的糅合才使得吉恩做出了杀死女人并亵渎死者尸体的行为。

在举行听证会的那一天，记者伦纳德就坐在艾德·吉恩身边，当时吉恩表现得非常恐惧、紧张，他的样子完全就是一个病态的"小男人"。吉恩曾与伦纳德交流，他多次询问伦纳德法庭会怎么处置他，在听证会即将结束的时候，吉恩甚至一把抓住了伦纳德的手，就好像伦纳德是陪伴他的母亲一样，伦纳德还可以清楚地感受到吉恩正在颤抖。

犯罪心理画像专家认为，吉恩的种种表现都证实了他们的猜测，从法律的角度来讲，吉恩是不具备承担法律责任能力的。当天下午，法官宣布艾德·吉恩在法律意义上是无辜的，他不符合接受审判的条件，吉恩将会被送到美国专门收纳患有精神疾病的罪犯的地方，他将在那里接受关押及治疗。

1958 年 3 月 30 日，平原镇将举行一场拍卖会，这次拍卖会进行竞拍的商品就是艾德·吉恩的房子和农场，但就在竞拍当天的早上，吉恩家被一把大火付之一炬，所有"有意思"的事物都消失了。平原镇的居民们很高兴，因为这意味着所有的事情都将尘埃落定，他们再也不用面对吉恩以及来自世界各地的媒体记者了。

在精神病院，吉恩表现得很正常，他很安静，并不与其他人进行交流，但每当满月的时候，他就会谈论女人以及他想对女人做的事情。在谈论的时候，吉恩的眼睛里还会闪现出一种奇怪的光芒，但满月的时间一旦过去，吉恩就会再次恢复正常。

1968 年，医生认为吉恩已经具备了承担法律责任的能力，在经过为期 9 天的审判以后，法庭宣判吉恩有罪，62 岁的吉恩将在精神病院接受关押，直至死亡。

犯罪心理画像专家认为，陪伴吉恩的只有幻想、孤独和精神疾病，这造就了他奇特的精神状态，他也因此跨越了道德底线，成为一名杀人凶手。1984 年 6 月 26 日，艾德・吉恩死于呼吸衰竭，终年 77 岁。

【背景知识】

天生邪恶？

犯罪心理画像专家研究发现，很多杀手在孩童时代都被暴力因素所影响着，在那个时候，暴力已经成为他们的选择。这些杀手在孩童时代，都会表现出欺凌比他们更小的孩子或者攻击、杀死小动物的行为，有些还会表现出一些不恰当的情绪，比如频繁爆发的愤怒。纵火、尿床和伤害小动物是犯罪的最初形式，很多杀手在幼年的时候就会通过这些行为来获得他人或者社会的关注。

加拿大著名心理学家戴维・莱肯认为，在所有的犯罪者中，仅有很少的一部分是天生具备反社会特质的，大部分的违法犯罪者，尤其是青少年违法犯罪者大都是在模仿年长亲属的行为或者受到其他成年人影响才犯罪的，有些青少年犯罪者则是因为将自我克制视为缺点，才最终导致了犯罪行为的出现。

从某种意义上来讲，具备反社会行为的犯罪者，在幼年的时候都会具有非同寻常的无惧、无畏等情绪，并且这些人的自我控制能力非常差。出现这种结果的原因其实与父母管教不良或者过于严苛、长期虐待孩子、忽视孩子的感受等种种行为有着直接关系。

第十四章

塑胶桶杀手

长期以来，人们对“精神病”这一词语的理解都有点模糊。在日常生活中，人们通常会将那些做出特别凶恶或变态行为的人称作“疯子”或“精神病”。从某种意义上来讲，只要作案者的行为是完全没有理由或者超出常人的理解范围的，那精神不正常的这个概念就会被用到作案者的头上。

1999年5月，那天是母亲节，黄昏时分，一辆汽车从阿德莱德出发，穿过荒无人烟的盐平原向北行驶约150公里后，来到了澳大利亚当地一处很出名的小麦种植地——雪镇。乘坐这辆汽车的是24岁的大卫·约翰逊和19岁的杰米·弗拉萨西斯。大卫是杰米的哥哥，杰米是大卫继母的儿子，但在前一段时间，父亲和继母离了婚，杰米与继母就搬到了其他地方居住。弟弟杰米知道大卫一直想买一台便宜一点的电脑，于是他借此将大卫骗往雪镇。

雪镇是一个只有几百住户的小镇，当大卫赶到小镇的时候，天色已经完全暗了下来。杰米轻车熟路地将汽车开到一栋房屋旁，这栋房屋曾经被一家银行使用，他和大卫下了车。大卫满怀期待地和杰米进入这间废弃的房屋，他丝毫没有察觉到危险已经悄悄临近。

两周后，警方在这座废弃银行内找到了大卫的尸体，而在这栋房屋内发现的其他线索也让警方感到惊骇。犯罪心理画像专家紧急加入此案的调查之中。

澳大利亚阿德莱德素有“教堂之城”的美誉，但随着社会的发展，政府将大量廉价的保障性租住区建在了城市北部，这片区域就成了孕育幻灭感、绝望以及犯罪的温床。住在这片区域的人大都是领取救助金或者前途渺茫的人。

克林顿·特雷奇思就住在这片区域内，他的童年生活十分惨淡，因为家庭贫困，他经常被寄养在别人家。尽管如此，克林顿依然十分开朗，他自立自强，喜欢穿颜色漂亮的衣服，追求逍遥快活的生活。克林顿居住的这个地方靠近飞利浦高速公路，这个地方交通便利，是个寻找机会的好地方。

克林顿性格友善，他很容易相信其他人。克林顿搬到新家后没多久，就有两名当地人主动找他交朋友，他们分别是巴里·蓝和罗伯特·瓦格纳，克林顿并不清楚这两个人的底细，但容易相信他人的性格使他迅速接受了这两名看起来既热情又友善的“新朋友”。

1992 年 8 月，克林顿受邀来到位于阿德莱德郊区索尔兹伯里北部的一栋房子内，“朋友们”给他端来瓜果，然后留他一个人待在客厅内看电视。正当克林顿看得入迷时，一名陌生人用一把铁锹从背后袭击了他。

这名袭击者用铁锹将克林顿击倒在地，他的力量很大，一下就让克林顿撞在地板上的前额破裂了。克林顿倒地之后，袭击者又连续挥动铁锹，在他的后脑勺上击打了六七下，这几次攻击将克林顿的后脑颅骨打得粉碎，克林顿当场死亡。凶手杀死克林顿以后，一边待在客厅内看电视，一边召集他的同伙罗伯特·瓦格纳和巴里·蓝。

随后，这伙人开车将克林顿的尸体带到乡下的农田中，他们在这儿挖了一个浅坑，用来埋葬克林顿的尸体。克林顿遇害后不久，他的姐姐就向警方报了案，但警方并没有重视这起案子，他们甚至没有将克林顿归到失踪人口档案中。一直到 3 年后，克林顿的母亲再次向警方报案，警方这才立了案。

杀死克林顿的凶手是一个患有精神疾病的矮壮中年人，他叫约翰·邦亭。约翰和他的妻子维罗妮卡（一个有着视力障碍的半盲女人）一直居住在索尔兹伯里路旁的一栋民居中。专家仔细研究了他的童年经历，发现约翰在小的时候非常喜欢虐杀小动物，他会使用一些带有腐蚀性的化学物品制成腐蚀溶液，然后将抓来的小动物、小昆虫丢进腐蚀溶液中，看着这些生物痛苦嘶鸣着死去。

约翰还尝试着在自己家里挖地道，但这一行为被他的父亲阻止了。后来，约翰开始信奉纳粹主义，他又先后做出更多更荒诞的行为。犯罪心理画像专家认为，约翰之所以会做出这些行为，主要是因为他对恋童癖或者同性恋有一种奇怪的敌意，而且他还不能分辨出这两者之间有什么区别。

瓦格纳同样是一个问题少年，他识字很少，经常四处惹祸，辍学以后，瓦格纳就成了一个专职小混混。瓦格纳的继父非常严厉，他信奉“棍棒底下出孝子”，经常武力教育瓦格纳，但也正是这种过激的管教方式让瓦格纳变得更加叛逆。瓦格纳在四处厮混的时候遇到了巴里，巴里是一个惯偷。

约翰将瓦格纳、巴里以及另一个小混混——马克·海登聚集在一起。马克平时少言寡语，他深受约翰思想的毒害，是约翰十分忠心的手下。4个人经常聚在一起集会，约翰会在集会的时候宣扬他的变态思想，这些人都被约翰有关残忍和复仇的说教所蛊惑，以至于这些人最终变成了令人闻风丧胆的变态连环杀手。

1994年8月16日，两名农夫在阿德莱德市区外50公里处的一块荒地上发现了一个破碎的人类头骨和一些人体其他部位的骨骼。当时，警方的科技还不能够确认死者的真实身份，直到克林顿被害的第5个年头，警方才终于通过科技手段确认了死者的身份，他就是克林顿。

这时，约翰又控制了伊丽莎白·哈维，伊丽莎白刚刚与丈夫马库斯·约翰逊离婚。离婚后，伊丽莎白带着儿子特洛伊·尤德和杰米·弗拉萨西斯搬到索尔兹伯里居住，也就是在这儿，她加入了约翰的邪恶组织。

杰米和特洛伊在小的时候都曾经遭到生父的性虐待，每当特洛伊被生父性虐待以后，他就会找到杰米发泄，对比他更小的杰米实施性虐待。约翰很快就控制了杰米，而杰米也成了约翰实施杀人计划的一个新“工具”。

26 岁的雷音·戴维斯租住在距离索尔兹伯里路不远处的一辆拖车内，患有轻度智力障碍的他只能依靠政府发放救助金生活。1995 年的一天，女房东苏珊妮突然冲到雷音的拖车前，大声指责雷音侵犯了一名未成年女孩，而且这个女孩还与苏珊妮有着关系。尽管雷音很努力地进行解释，但苏珊妮还是决定对他实施报复。

随后，苏珊妮叫来了邻居约翰，让他好好教训一下雷音。对约翰来讲，这是一个难得的杀人机会，他和瓦格纳先把雷音捆起来装进汽车后备厢，然后驱车来到一个荒无人烟的小树林。在这片林子中，雷音被痛殴了一顿，但事情还没了结。约翰又将受了重伤的雷音带到自己家，在浴室中进一步折磨他。

雷音最终被这伙人活活折磨死，约翰又和瓦格纳将他的尸体埋到 203 号废弃房屋后面的一个浅坑中。这个浅坑是事先挖好的，约翰早就做好了杀死雷音的准备。雷音的死并没有引起任何人的关注，没有一个人能够想到他，也没有人向警察局报案。

苏珊妮被约翰迷住了，她和约翰发生了性关系，但约翰不仅已经有了妻子，还有伊丽莎白做情人，所以约翰有些应付不来。苏珊妮总是纠缠约翰，她反复地给约翰写情书，邀请约翰共进晚餐或者留宿在她家。苏珊妮的行为让约翰感到厌烦，这种厌烦对苏珊妮来讲是致命的。

1996 年 10 月，苏珊妮·艾伦失踪了。苏珊妮的家人报了警，警方派了两名警员赶到苏珊妮家查看情况，但在这儿没有发现任何可疑的迹象，所以警方只好将她列到了失踪人口名册上，并没有进行进一步的调查。事实上，苏珊妮的尸体早已被约翰和瓦格纳处理掉了，他们先将苏珊妮分解成碎块，然后再把她装到垃圾袋里，最后将垃圾袋埋到了约翰家的后院。

约翰被捕以后，曾向警方谎称，当他们发现苏珊妮的时候，苏珊妮已经死于心脏病突发，他们并没有杀害她，肢解并隐藏她的尸体，只是为了更加方便地代领本属于苏珊妮的政府救济金。1996年，约翰和伊丽莎白以及伊丽莎白的两个孩子一起搬到了位于默里布里奇的一栋住宅内居住，这里距离他原来的居所大约有100公里。

虽然约翰从索尔兹伯里路搬走了，但他依然和瓦格纳保持着联系。犯罪心理画像专家认为，对这两个变态杀人狂而言，能够将他们联系在一起并且产生共同话题的事情，无非就是关于如何杀人或者杀谁的问题，这两个人一直都被残杀他人的欲望驱使着，杀人也是他们唯一的乐趣。

约翰告诉瓦格纳，他在自己家的墙壁上绘制了一份杀人清单，他将这份清单称为“满墙蜘蛛”。犯罪心理画像专家认为，这份清单上的所有名字都将成为约翰谋杀的对象，这些人都是约翰心目中曾经威胁或侵犯过儿童的熟人，他经常在这份清单中挑选一个人，拨通这个人的电话，在电话里大声辱骂发泄一番。

1997年春，约翰再一次准备出手，这次他选中了迈克尔。迈克尔·伽缇纳是一名公开的同性恋，因为他的性取向有问题，所以他的继父十分讨厌他，直接将他送进了儿童福利院。迈克尔在14岁的时候就被他人性虐待，这让他在同性恋的道路上越走越远。成年以后，迈克尔搬到了索尔兹伯里路居住，在这儿他和瓦格纳成了邻居。

女房东尼克尔的表妹米尔斯也住在这片区域内，米尔斯和瓦格纳有私情，迈克尔很快就和这些人成了朋友。有一天，瓦格纳和米尔斯从外面回家，他们发现米尔斯的孩子正和迈克尔在一起玩耍，瓦格纳突然冲上去用手捂住了孩子的嘴，他的这种动作在迈克尔眼中是十分危险的，于是他赶紧喝止了瓦格纳，但他的行为也让瓦格纳怀恨在心。

这件事儿发生后不久，女房东尼克尔外出度假，瓦格纳趁机找来约翰，两人一起虐待杀害了迈克尔。警方还原了迈克尔遇害时的场景，瓦格纳和约翰先用绳子捆住迈克尔，然后把他运到约翰家的车库内。

在这儿，瓦格纳用绳子狠狠地勒住迈克尔的脖子，约翰则一边欣赏迈克尔痛苦挣扎的表情，一边冲着他大吼大叫。就这样，迈克尔被瓦格纳用绳子勒死。他死后，约翰和瓦格纳又将他的四肢砍掉，然后将迈克尔的碎尸丢到车库内的一个大型塑胶桶内，约翰还事先在这个塑料桶中放满了酸性液体。

处理掉迈克尔的尸体以后，约翰又和瓦格纳回到迈克尔的房间，他们四处搜寻迈克尔的财物，然后在房间内制造入室行窃的假象，希望能够借此转移警方的注意力。但谁也没有想到，迈克尔的失踪并没有引起任何人的注意，随着时间的流逝，就连女房东尼克尔也忘了这件事情。

在约翰制定的杀人名单中，巴里一直处在非常靠前的位置，如果不是因为他和瓦格纳有关系，约翰早就对他下手了。但是现在，巴里又找到了一个新的同性恋人——托马斯·克里威廉，这让约翰再次对他产生了杀念。在准备杀死巴里之前，约翰还事先准备了一个录音设备，他想要将被害人遭受凌虐时发出的声音录下来。约翰还准备在玩弄被害人的时候，强迫被害人给家人打电话，声称自己将要离开一段时间，以此来为约翰的整个犯罪行动做掩护。

托马斯是一个智障，他也加入了这次行动。约翰借用托马斯的身份闯进了巴里的房间，一伙人将巴里制住，把他捆在卧室的床上，使用各种方法拼命折磨巴里，在巴里不堪忍受的时候又强迫他和家人通电话。打完电话以后，约翰继续折磨巴里，还逼问出了巴里的银行卡及保险卡密码。

等到约翰将一切都弄清楚后，他就让瓦格纳勒紧套在巴里脖子上的绳索，直接将巴里勒死了。杀死巴里以后，这伙人仅用一张毯子遮住他的尸体就离开了。几天后，这伙人才将巴里的尸体运出去，在杀死迈克尔的地方以同样的方法将巴里的尸体处理掉。

巴里被害 10 天后，他的一名朋友向警方报了案，但因为巴里在被害前曾与家人通过电话，声称自己要去昆士兰居住一段时间，所以警方就没有进一步调查这件案子。杀死巴里后没过多久，托马斯就搬到了瓦格纳家居住。托马斯非常迷恋军用物品，他口无遮拦，非常喜欢和别人说话。约翰和瓦格纳对此十分反感，为了保证他们所做的恶行不被托马斯泄露出去，两人决定杀死他。

约翰和瓦格纳利用托马斯有精神障碍这一特点，故意制造了他自杀身亡的假象。两个人先将托马斯挟持到阿德莱德附近的一座山上，然后将托马斯吊死在山顶的树上。在挟持托马斯的时候，约翰和瓦格纳都很小心，他们没有在托马斯身上留下任何外伤，这也让警方一直相信托马斯是自杀身亡的。

时间到了 1998 年，此时，杰米和他的妈妈伊丽莎白依旧和约翰住在一起。但是现在，杰米又迷上了海洛因，他不仅自己吸食，还邀请了另一名吸食者——嘉文·波特一起吸毒。嘉文是一个患有精神障碍的年轻人，他在杰米的邀请下搬到了约翰家居住，两人经常在一块儿吸食海洛因，但他们并不知道自己的这种行为早已触怒了约翰。

犯罪心理画像专家认为，在连续多次作案成功以后，约翰的自信心早已膨胀起来，他不仅开始改变作案过程，而且还要扩大“狩猎”范围，只杀害同性恋或恋童癖者已经不能满足他日益膨胀的病态心理，现在，他又将目光放在了吸毒者身上。

约翰“大方”地原谅了自己的追随者杰米，但他不能原谅嘉文。在杀害嘉文之前，约翰还设法从他的口中问出了银行卡的密码，然后才决定对他下手。犯罪心理画像专家推测，嘉文遇害的时候，杰米应该不在家。当时，嘉文正在一辆汽车的后排座上睡觉，约翰带着瓦格纳悄悄打开了车门，瓦格纳把一个绳套套在嘉文的脖子上，尽管嘉文不断挣扎，但他还是被活活勒死了。

杀死嘉文以后，约翰就将他的尸体搬到了房子后面的车棚中，这里已经放了两个大塑料桶，现在又有第三个塑料桶被放进尸体。杰米回家以后，约翰将他带到车棚内，他用嘉文和其他被害人的尸体恐吓杰米，杰米在约翰的淫威下选择屈服，他帮助约翰冒领嘉文的救济金，盗刷嘉文的银行卡。

1998 年 8 月，约翰准备让敏感、胆小的杰米也品尝一下杀人时的滋味，这样一来，杰米才能彻底融入他的组织。约翰认为，既然杰米的生父和他的亲哥哥都曾对他实施过性侵犯，那么就可以对他们下手。

一天早上，天色还没亮的时候，约翰一伙人就带上作案工具来到杰米哥哥特洛伊的卧室内。杰米、瓦格纳以及约翰疯狂地殴打尚在睡梦中的特洛伊，将特洛伊打残以后，这伙人又将他抬到浴室，放到浴缸中进行新一轮的折磨。

约翰在折磨特洛伊的时候还故意录下了特洛伊痛苦挣扎时发出的惨叫声，他放肆地欣赏着特洛伊拼命挣扎时做出的各种痛苦表情。凌虐过程结束以后，约翰才允许瓦格纳用绳索勒死特洛伊。在处理特洛伊的尸体之前，约翰还让杰米用脚踢特洛伊的尸体，然后让他将特洛伊的尸体搬到房屋后面的车棚内。杰米虽然对杀人这件事很反感，但他还是心安理得地冒领了本属于特洛伊的救济金，他用这笔钱购买了海洛因。

犯罪心理画像专家认为，此时，约翰已经逐渐进入失控状态，他就像一头狂暴的鲨鱼那样，疯狂而又毫无理性，他随时都可能会杀人，而待在他身边的同伙很可能就会成为他的下一个杀害目标。

1998 年 9 月，约翰又瞄上了一名无辜者，这个人叫弗雷德·布鲁特斯。约翰之所以选择他，完全是因为这个人非常容易得手。约翰安排杰米将弗雷德带回家，他准备在这里杀死弗雷德。弗雷德被折磨了好几个小时，约翰先把弗雷德的外衣脱掉，然后用皮鞭狠狠地抽打他赤裸着的身体。

杀死弗雷德之后，这伙人又将他的尸体带到马克·海登在阿德莱德郊区买的一座房子内，在此之前，这伙人已经将其他装有尸体的塑胶桶全部搬到了这里，这儿也成了他们处理尸体的新巢穴。处理好弗雷德的尸体以后，这伙人又冒领了死者的社会保障金，但他们并不知道，警方正在调查冒领社会保障金这件事。

犯罪心理画像专家认为，弗雷德被害以后，约翰选择被害人的标准已经不再受限于性变态者或有过劣迹的人了，他开始随意挑选杀害对象，只要这些人易于得手，能够满足他变态的杀人欲望即可。

1998 年 10 月，约翰和杰米坐在汽车内聊天，就在这时，29 岁的青年加里·奥德怀尔一瘸一拐地从马路中央穿过。加里是一起重大车祸的受害者，他现在只能靠着政府发放的救助金生活。加里滑稽的走路姿势让杰米和约翰捧腹大笑，对约翰来讲，这个残疾的年轻人就是他下手的最佳目标。

约翰在打听了有关加里的信息之后，就决定主动去拜访他。约翰带着瓦格纳和杰米来到加里家，他们坐在客厅里喝酒说笑。突然，约翰站起身，这应该是一个事先约好的信号，瓦格纳立马冲到加里背后，他紧紧抓住加里的脖子，将加里按倒在地。随后，这伙人拼命地折磨加里，他们用残忍的方法从加里口中得到了他社会保险救助金的资料。

整个折磨过程都被约翰录了下来，他似乎非常喜欢听被害人遭受痛苦时发出的惨叫声，约翰在满足了自己的欲望后，就让瓦格纳将加里活活掐死了。这伙人故技重施，他们把加里的尸体切割，装进事先准备好的塑胶桶内，并将这个塑胶桶运到他们存放尸体的窝点内。

加里遇害后不久，约翰发现马克・海登的妻子伊利似乎知道他们谋杀克林顿的事儿，约翰决定让伊利永远闭上嘴。加里遇害一个月后，马克・海登和朋友们一起外出，但是他却把他的妻子伊利一个人留在了家里。约翰利用这个机会潜入马克家，他们用手铐将伊利铐住，然后把她拖进浴室内的浴缸中，这伙人在这儿拼命殴打伊利。

其间，约翰还将一只袜子塞进伊利的口中，然后在她的嘴上贴上胶带，瓦格纳则用绳子勒住伊利的脖子，伊利被他活活勒死了。杀死伊利之后，这伙人用同样的方法处理了她的尸体。伊利失踪 72 个小时后，她的哥哥向警方报了案。这一次，警方的行动很迅速，立案后不久，警方就调查了马克・海登，虽然没有证据指认马克就是杀死伊利的凶手，但警方的怀疑让这伙歹徒变得非常不安。

约翰决定将藏尸桶转移到其他地方，他事先说服了一个不知情的朋友，然后迅速将这些塑胶桶运到了约翰的朋友家，为了掩盖从桶中传出来的恶臭，约翰还谎称这些桶内装的是袋鼠尸体，毫不知情的友人这才允许约翰将这些散发着剧烈恶臭的塑胶桶暂时放在他家。

1999 年 1 月，警方来到马克家做调查，他们在一间棚屋内发现了异常。这间棚屋就是约翰存放尸体的那个房间，尽管约翰事先已经将盛放尸体的塑胶桶弄走了，但这间屋子里却一直有一股浓烈的尸臭味，一名警探闻出了异常，警方马上就用“发光氨”对这间房子的地面进行了仔细检查。检查结果显示，这间屋子的地板上确实有血液喷溅的痕迹。警方随即又跟踪了马克的汽车，他们希望能够在这辆陆地巡洋舰中找到新的线索。

在随后的调查中，警方发现伊利失踪案与其他 3 起失踪案有关联，这让警方更加重视这起凶案，警局再次加大了对此案的调查力度，增派了大量警力参与此案调查。就在警方努力调查的时候，凶手也正在重新转移藏有尸体的塑胶桶。为了存放这些塑胶桶，约翰还在雪镇租下了一栋独立房屋，这栋房子曾经是一家银行的营业厅。约翰将这里当作存放这些塑胶桶的新基地。

藏好塑胶桶后，约翰再一次变得有恃无恐起来，他警告警方不要再去打扰他，否则他就会以警方频繁骚扰他为理由，把警局告上法庭。随后的3个月，警方果然没有再找上门来，这让约翰误认为调查的风头已经过去，他残忍的欲望再次萌动，他准备再次杀人。

约翰很快就选好了谋杀对象，这个即将被杀害的人就是——大卫·约翰逊，他也是这宗连环谋杀案的最后一名受害者。大卫是一个良好青年，他从来都没有触犯过法律，但是就因为他与杰米有关系，杰米对他的状况、性格又非常了解，所以约翰才将他当作新的杀害对象。

约翰让杰米将大卫诱骗到雪镇，大卫丝毫没有察觉到自己的弟弟正将他推向死神。大卫一进门，就被瓦格纳和约翰按倒在地，这伙人先狠狠地打了大卫一顿，然后又从他的口中逼问出了银行卡密码。最后，约翰又在电脑上打出了一些字，让大卫照着电脑上的字读，并将大卫读的内容录了下来。

做完这些以后，约翰让瓦格纳带着杰米出去取钱。这时，屋内只剩下约翰和大卫两个人。大卫觉得自己可能凶多吉少，于是他奋起反抗，拼命用身体撞击约翰，约翰被大卫撞了四五下，他的肋骨都被撞折了好几根，但由于大卫的双手一直被绳子捆得很紧，所以他很快就被约翰击倒在地，愤怒的约翰抽出大卫的皮带，用这根皮带将大卫活活勒死。

等到瓦格纳和杰米回来的时候，大卫已经死了，瓦格纳因为约翰擅自杀死大卫而大发雷霆，他和约翰大吵了一架，但随后他们两个又被分割大卫尸体这件事儿转移了注意力。

就在约翰杀人的同时，警方也在不断地搜集有关凶案的证据，警局一直在查找那辆陆地巡洋舰的踪迹。很快，警方就在雪镇找到了这辆汽车。当时，这辆汽车就停在那家废弃银行外边，警方随即申请了搜查令。

在这家废弃银行的保险库内，警方发现了许多巨大的黑色塑胶桶，而这些桶内放的就是被害人的尸体。1999 年 5 月 20 日，警方在这些塑胶桶中共发现了 8 名被害人的尸体。随后，这些盛放尸体的黑色塑胶桶被运到了阿德莱德，警方邀请了解剖学教授艾希·亨利博德帮忙鉴定这些尸体的身份。这件事情一经报道就在澳大利亚引起了轩然大波，媒体将制造这起凶杀案的凶手称为“塑胶桶杀手”，人们谈之色变。

凶手在每个盛放尸体的塑胶桶内都注入了大量酸液，在他们看来，这样做就能将尸体上残留的证据全部消除，但事实上，这伙凶徒用错了酸液，被他们注入塑胶桶内的酸液是盐酸，这种酸液并不能很好地溶解人体肌肉组织，盐酸只能将尸体内的水分析出，这让死尸看起来像是一具风干的木乃伊，但这也保证了警方可以通过死尸确认死者的身份，如果凶手使用的是硫酸，那死者恐怕早已化成一摊血水了。

犯罪心理画像专家认为，通过被害人惨遭破坏的尸体就不难看出行凶作案的凶手是多么凶残，这些人可以随意地肢解被害人的尸体，将被害人当作取乐的玩具，说明凶手的内心是极度扭曲的。对一名连环杀手而言，假设纯粹的杀人行为不能够让他获得满足，那么杀手就会以虐待被害者、肢解被害人尸体、收藏被害人的残肢甚至吃掉被害人身上的肉等行为来获得比杀人更加强烈的满足。

凶手的这些行为是一个渐进的过程，在最开始，凶手会直接杀死被害人，慢慢地，凶手就会通过各种手段折磨被害人，并形成一套固定的杀人模式。如果折磨也不能满足凶手，那他们就会肢解、储存或者收藏被害人的尸体，最后凶手就会化身成一名吃人恶魔，残忍又极其恶心地吃掉被害人身上的肉。

塑胶桶内的尸体已经向警方说明了一切，警方马上展开行动，几乎全部外勤警员都参与了此次逮捕行动。警员们被分配为 3 个行动组，每一组有两个小队，一队负责搜查，一队负责抓人。逮捕行动进展顺利，马克·海登、罗伯特·瓦格纳以及约翰·邦亭全部落网归案，警方随即以蓄意谋杀的罪名将 3 人告上法庭。

与此同时，杰米也被警方收押，他很快就同意与警方合作，6 天后，杰米将他知道的一切和盘托出，希望这样可以争取到宽大处理的机会。杰米还带领警方找到了埋藏雷音以及苏珊妮尸体的地点，警方在这里找到了这两名被害人的尸体。随后，警方又确认了克林顿的死与该作案团伙有直接关系。

杰米的母亲伊丽莎白在进入法庭接受审判之前死于癌症，杰米也就不需要再对她进行保护，因此，他又将伊丽莎白犯下的罪行说了出来。在审判马克·海登、罗伯特·瓦格纳、约翰·邦亭的时候，杰米作为污点证人向法官提交了很多有力的证据，最终法庭认为杰米依然有罪，应被处以终身监禁，并且在 26 年内都不得假释。

马克·海登、罗伯特·瓦格纳、约翰·邦亭 3 人因涉嫌 12 起谋杀案而被送到南澳大利亚高级法院受审，起初，3 人全部否认警方提交的所有指控，但后来，瓦格纳最先在如山铁证面前败下阵来，不过约翰和马克两人却一直都不肯认罪。

2005 年 5 月，经过 11 个月的漫长审判之后，终审判决公布。法庭宣判马克·海登涉嫌杀死自己的妻子伊利以及特洛伊·尤德的两项指控成立，马克必须在监狱中服刑25年，并在18年内不得假释。法庭判处约翰犯有12项谋杀罪，他必须在监狱中服刑至死，终身不得假释。罗伯特·瓦格纳也被判有罪，他同样要在监狱中服刑至死，终身不得假释。

尽管恶魔已经伏法，但他们留给世人的伤痛却永远也不会消失，在澳大利亚这个没有死刑的国家，终身监禁这种判决对约翰这样的人而言，实在是太过仁慈了。但是，澳大利亚司法机构也只能用终身监禁来为被害人申冤，愿他们可以得到安息。

【背景知识】

法律意义上的精神异常杀手

长期以来，人们对“精神病”这一词语的理解都有点模糊。在日常生活中，人们通常会将那些做出特别凶恶或变态行为的人称作“疯子”或“精神病”。从某种意义上来讲，只要作案者的行为是完全没有理由或者超出常人的理解范围的，那精神不正常的这个概念就会被用到作案者的头上。

比如，有些杀手会在杀人后吃掉被害人的生殖器，有些则食人肉，还有些喜欢收藏人体器官，这些残忍、罕见又变态的病态杀手行为给世人的第一感觉就是“这个人是个精神病”，但事实上，很多做出类似恶行的杀手都会被法庭定罪，因为他们并不属于法律意义上的“精神不健全者”。

“健全”与“不健全”这种术语其实是法律意义上的一种常用语，“健全”的意思就是表明当事人能够明辨是非，理解其行为的本质。而大多数患有精神疾病的人其实并不是完全脱离现实，因此其并非每时每刻都是无法辨别是非的。所以说，在法律意义上的精神不健全者是非常罕见的。如果警方或者法庭可以用证据证明患有精神病的凶手在作案时是能够明辨是非，有着清晰逻辑思维的，那么他就应当承担法律责任，为自己犯下的罪行负责。

第十五章

夫妻档杀手

从某种程度上讲，有部分性犯罪连环杀手对性的误解源于他们的童年生活，这部分连环杀手的母亲或者女性长辈的行为（可以是残酷对待孩子的行为或者过于糜烂的性生活）让他们对女性这个群体产生了蔑视或者仇恨的情感。

在位于法国与比利时交界处的阿登高地上，到处都分布着植被繁茂的森林。这些森林让这片区域的自然风光变得十分优美，只是这片高山深林也成了隐藏罪恶的绝佳场所。法国犯罪史上最著名的夫妻档杀手就将这里作为他们的作案基地，这对连环杀手在城镇内挑选被害人，一旦被害人上钩，他们就会在满足了杀戮和性欲后将其杀死，然后将被害人的尸体丢进深林。

这对夫妻档恶魔杀手的犯罪手法非常独特，他们很好地挖掘并利用了被害人的善意，由于这对夫妻档杀手的作案手法非常老练，他们也善于自我伪装，使得法国警方一直弄不清楚他们的真实身份，以至于这对夫妻档杀手在长达 18 年的作案生涯里，先后奸杀了 8 名女孩。这种特殊又变态的凶案勾起了犯罪心理画像专家对这对夫妻档杀手的兴趣，专家们决定还原真相，并希望可以借此走进这对夫妻档连环杀手的内心世界。

17 岁的少女伊莎贝尔・拉威尔放学后径直向家的方向走去，她通常都是步行走回家的，这次也不例外。当她在马路上快步行走的时候，一辆汽车慢慢停到她的身旁，坐在车内的一位妇人亲切又热情地向伊莎贝尔打了招呼，在得到伊莎贝尔的回复之后，她就开口询问小镇上的加油站到底在哪个地方。

伊莎贝尔仔细打量了这辆车，车内只有一男一女两个人，他们看起来像是一对需要帮助的和善夫妻，两人的长相温和且很有礼貌。眼前的境况让伊莎贝尔放松了警惕心，她礼貌地和妇人说起了话，在得知这对夫妇不是本地人以后，伊莎贝尔还是接受了这对夫妻的邀请，她愿意乘坐这对夫妻的汽车，亲自带她们去加油站。

不幸的事情很快就要发生了，这辆汽车的主人就是法国最臭名昭著的夫妻档杀手——莫尼克·奥利维尔和米歇尔·富尔尼雷。犯罪心理画像专家认为，在整个诱骗过程中，莫尼克一直都扮演着最重要的角色，正是因为有她这样一位妇女待在车里，伊莎贝尔才会放松警惕，同意上他们的汽车。可以说，莫尼克才是米歇尔实施一系列强奸杀人计划的中心，没有莫尼克，米歇尔根本就不可能在连续作案的情况下还能屡次逃出法网。

伊莎贝尔失踪了，警方接到报案后马上就着手侦查。在侦查的过程中，警方怀疑绑架伊莎贝尔的是另一名积年连环杀手，这个人的名字叫作埃米尔·路易斯，他曾经多次在伊莎贝尔失踪的地方作案，警方四处张贴嫌疑犯埃米尔的画像，让居住在这里的人们提高警惕并四处搜集有关埃米尔的信息，但这个连环杀手并不是绑架伊莎贝尔的人。

19 年后，伊莎贝尔的尸体才在接近奥赛尔的一个小村庄内的井底被人们发现，而她也是法国夫妻档连环杀手的首个被害人。犯罪心理画像专家推测，在莫尼克引诱信任她的女孩们的时候，米歇尔就藏在一边，他会暴起发难，快速攻击这些被诱骗到车内的女孩，等到控制住局面以后，米歇尔还会对女孩实施性侵犯，然后将被害人杀死。

这样的杀人模式将会一直被这对夫妻档连环杀手所沿用，他们首先会扮演成一对面目和善的夫妻，然后利用孩子们乐于助人的天性，将想要帮助他们的“猎物”骗上车。在孩子们的心目中，女性都是富有爱心的和善人物，是可以被信任的对象，所以每当莫尼克寻求帮助的时候，乐于助人的孩子们一般都会选择相信她。

在这一系列连环奸杀案后期的几起案子中，莫尼克和米歇尔还会利用他们刚刚出生不久的儿子来使受害者放松警惕，并最终将受害者诱骗到他们的汽车上。犯罪心理画像专家发现，米歇尔的性变态行为早在20世纪60年代时就已出现，当时他只有24岁。米歇尔因为猥亵一个小女孩而被警方逮捕，在此期间，一名精神病专家得出了米歇尔可以通过治疗避免再次作案的结论。这一结论让米歇尔在服刑6年后顺利获释，此后他就开启了为期18年的变态杀人之旅。

犯罪心理画像专家认为，很多犯罪者尤其是性犯罪者往往会在犯罪后开启“学习模式”，他们会在再次作案前完善他们正在使用的作案方法。当作案者以一种特定的方式犯案被捕后，他就会想办法改良这种存在漏洞作案方法，避免自己再以同样的方式被警方抓捕，米歇尔是这类性犯罪者中的一个典型。

米歇尔是一个个性冷酷且精于算计的人，他在狱中服刑的时候，就已经意识到想要重新作案而不被警方逮捕，那就需要一名女性和他一起犯罪。现在的问题是，米歇尔又该如何获得一名愿意与他一起犯罪的女同伙呢？

米歇尔想到了一个办法，他在报纸上刊登广告，广告词非常直白地表明了他的身份是一名囚犯，他表示自己现在很寂寞，如果有人愿意与他交往，那就请与他联系。犯罪心理画像专家认为，在某些特定的情况下，有部分女性会被关在监狱中的男人所吸引，这些男人散发出来的危险气息和风险性就是这部分女性想要得到的。从另一方面来讲，一些在生活中失意的女性还会在他人的怂恿下以与囚犯交往的方式来显示自己的个性，并借此吸引其他人的注意力。

莫尼克就是在这种情况下与米歇尔结识的。当时，米歇尔还在蹲监狱，他们两人就通过书信沟通交流。米歇尔寄给莫尼克的信都饱含爱意，这些充满爱意的信件将莫尼克迷得神魂颠倒。莫尼克曾经结过两次婚，在上一次的婚姻中，她的虐待狂丈夫马克曾疯狂地伤害过她的身体。

米歇尔在信中向莫尼克许诺，等到他出狱后，一定要让马克尝一尝被虐待的滋味。米歇尔还宣称，像马克这样的人渣丈夫早就应该为他所犯下的罪行赎罪了。米歇尔还在信中表示，他会帮莫尼克杀死马克，不过，杀死马克是有条件的。

莫尼克在米歇尔还在蹲监狱的时候就和他结了婚，米歇尔答应莫尼克，他会找机会杀死马克，但在此之前，莫尼克就要听从他的安排，帮他诱骗一些可供侵犯的年轻女孩。米歇尔出狱后，就和莫尼克搬到了法国奥赛尔地区定居。在这儿定居后不久，这对邪恶的夫妻档连环杀手就着手实施了他们杀人生涯中的首次谋杀。

犯罪心理画像专家经过调查发现，在实施首次谋杀的过程中，莫尼克会在米歇尔性侵被害者的时候旁观，她需要假扮成一个目睹作案全部过程的小姑娘。罪行结束以后，莫尼克还会在卧室中将米歇尔一手操作的事情演出来。在表演的过程中，米歇尔和莫尼克都会因为这个表演中呈现出来的暴力和谋杀桥段而达到性高潮。

犯罪心理画像专家认为，这两个邪恶的人正是通过这种方式才得以沉浸在只有彼此的世界中，两个人才能一直维系这种杀人夫妻搭档的关系。从某种意义上来讲，米歇尔和莫尼克都为另一方提供了强有力的邪恶助攻。假设这两个人没有遇到，那么他们很可能永远都不会杀人。

在蹲监狱的时候，米歇尔认识了一个名叫约翰·皮埃尔·赫洛葛罗奇的囚犯，这个人是一个银行抢劫犯。有一次，约翰向米歇尔吹嘘，他曾将一些抢来的金币藏在巴黎北部的一处森林中。米歇尔一直都惦记着那些被约翰藏起来的金币，在他看来，这些金币可以改变他的人生。出狱以后，米歇尔和莫尼克设法找到了约翰的妻子法丽达，两人介入到法丽达的生活中，并迅速与法丽达结成同盟，三人相约一同寻找宝藏并均分找到的金币。

犯罪心理画像专家认为，金子可以让米歇尔迅速致富，找金子是这个团伙的新目标，而法丽达就是他寻找金子的“工具”，但这个三人寻宝团是很不稳定的，米歇尔不可能和其他人均分这些财产，更何况米歇尔是一个完全缺失人类正常情感的人，他根本就是在用谎言欺骗法丽达。一旦找到金子，法丽达的价值也将会消失，失去利用价值的她最有可能的结果就是被米歇尔杀死。

法丽达很相信米歇尔，她尽心尽力地帮助米歇尔，努力搜寻了一周之后，这个团伙最终在巴黎北部的国家公园内找到了约翰埋藏的金子。这些金子很难出手，米歇尔和法丽达花了两年的时间才在布鲁塞尔找到了一位买家。这些金子一共换了 120 万法郎，相当于今天的 100 万英镑。

得到这笔钱以后，米歇尔和莫尼克在阿登高地与比利时边境交界处的沙勒维尔梅济耶尔买了一座城堡，这座城堡的名字叫作“沙通城堡”。这座城堡的位置非常偏僻，城堡周围都是高山树林，附近没有其他住户，进出城堡也不会被其他人看到。这个地方既可以当成家，也可以成为一个杀人的好去处，米歇尔显然是选择了后者。

米歇尔和莫尼克以及法丽达乘车前往阿登高地的一处密林。米歇尔表示他将在那里分配财产。米歇尔和莫尼克都是表演高手，他们两人伪装得很好，法丽达并没有从他们身上看出或者感觉到任何异常。

莫尼克将汽车开上一条小路，坐在后座上的米歇尔突然暴起发难，他掏出早已准备好的鞋带迅速勒住法丽达的脖子，法丽达吓了一跳，她本能地挣扎起来，米歇尔拼尽全力才将她控制住。就在这时，他口袋中的一把弹簧刀掉了出来，米歇尔立即让莫尼克捡起这把刀杀死法丽达，莫尼克照做了。

杀死法丽达以后，米歇尔选择抛尸，他和莫尼克随手将法丽达的尸体丢在阿登高地附近的森林中。对米歇尔和莫尼克来讲，杀死法丽达和丢弃她的尸体不过是一件微不足道的小事，他们不仅没有仔细挑选抛尸地点，甚至很快就将杀人抛尸这件事儿丢在脑后，以至于两人被捕后都不能说出丢弃法丽达尸体的具体地点，警方至今也没能找到法丽达的尸体。

犯罪心理画像专家发现，米歇尔是一个非常健谈的人，他长相和善，在社会生活中表现正常，他还会做一些杂务或者修理一下电器。他看起来很普通，这种形象和世人心目中的杀手猜想完全不同，而这种外在表象就是米歇尔最好的保护色。

米歇尔被捕后，曾对外宣称，导致他变成一个杀人恶魔的根本原因就是他的母亲曾在他很小的时候侵犯了他。犯罪心理画像专家对这种说法持怀疑态度，专家们知道，一般性犯罪者在被捕后都会宣称自己曾经遭到性侵犯，但从统计学的角度来看，童年时期遭到性侵犯的性犯罪者在成年以后去性侵犯其他儿童的可能性很低，所以米歇尔极有可能是在说谎。

米歇尔还宣称，他的童年生活很艰苦，他和他的母亲以及姐姐一起生活在一个条件简陋的房间内，母亲和他的姐姐经常使用一个铁桶便溺。在米歇尔看来，这种行为对一个女性来说是非常不得体的，这无疑就是一种退化，他的母亲或姐姐完全没有达到他心目中完美女性的预期形象，这也就是他选择奸杀处女，故意伤害女性的根本原因。对米歇尔来讲，似乎只有处女才能拥有如同圣母玛利亚那样纯洁的身体，才有资格被他凌辱、残害。

犯罪心理画像专家认为，尽管米歇尔的家庭条件很差，但他口中所透露的信息并不能解释他变成一个连环奸杀恶魔的根本原因。我们假设米歇尔的母亲和姐姐真的是当着他的面便溺，选择便溺的工具也确实如他所言，但如何便溺这件事只能算是一种行为，米歇尔厌恶的应该是这种行为本身，而不是行为人，更不可能对女性这个群体产生如此强且深的厌恶感。

从某种程度上来讲，米歇尔变态地认为女性应该超越肉身，超越所有人类群体，这样的认知让他对女性的忠贞和完美产生了误解，而现实生活中是不可能有这种女性存在的，即便是有，也是米歇尔自行评判、认知的结果，是来自于他的幻想世界。所以，他会毫不犹豫地变态占有这些在他眼中非常纯洁的少女。

犯罪心理画像专家发现，莫尼克似乎被米歇尔掌控了，她怀了米歇尔的孩子，对莫尼克而言，让米歇尔杀死她的前夫已经不是当前最重要的事情了，她帮助米歇尔的初衷出现了转变，她现在必须保证米歇尔能够成为腹中孩子的父亲。在这种动机的驱使下，莫尼克拼尽全力地满足米歇尔的全部需要。

很快，米歇尔又盯上了年轻女学生法比叶娜·勒罗伊，米歇尔安排挺着大肚子的莫尼克去诱拐这个女孩。莫尼克还是沿用之前的诱拐套路，她来到法比叶娜面前，询问她是否可以带自己前往医院。法比叶娜欣然接受了莫尼克的邀请，但她并不知道，米歇尔此时就蜷缩在汽车后座的下面，只待法比叶娜坐上车，他就会用最暴力的手段制服她。

米歇尔用鞋带勒住法比叶娜的脖子，使她窒息昏迷。控制住法比叶娜后，米歇尔赶紧驱车离开小镇。随后，米歇尔就在汽车上对法比叶娜实施了性侵犯，等他获得满足以后，他才用手枪击中了法比叶娜的头，法比叶娜当场死亡。杀掉法比叶娜之后，米歇尔又随手将她的尸体丢进树林，整个弃尸过程轻松得就像是在丢弃一张用过的包装纸。

犯罪心理画像专家认为，怀孕的莫尼克有着非常强的迷惑性，她的身体情况似乎预示着她是无害的，对女性而言，怀孕的女人更能激起她们的同情及帮助欲望，但莫尼克就是一个藏着剧毒的鱼饵，一旦猎物上钩，等待她们的就只有死亡。所以说，在米歇尔实施强奸、杀人等罪行的时候，莫尼克看似只是在旁观，但实际上她就是这些罪行的参与者。

法比叶娜就这样从超市门前失踪了，并没有人注意到她的情况，也没有任何目击证人，警方甚至不能确定法比叶娜到底有没有失踪，所以这起案子也就不了了之了。法比叶娜遇害几个月后，米歇尔的孩子出生了，米歇尔和莫尼克随即表现出了一副即将拥有新生活的面孔，看起来他们两个都对即将展开的新生活感到满意。但事实上，米歇尔对诱拐处女、实施强奸的兴趣并没有因为孩子的降生而得到削弱或转移，新的罪行马上就要再次上演。

在一辆往来巴黎和沙勒维尔梅济耶尔的列车上，米歇尔偶然遇到了贞德·玛丽·德力斯穆特，贞德是一个喜欢独自出门旅行的坚强女孩，她热情开朗，喜欢自然风光。米歇尔就坐在这名年轻女性的身旁，他主动找贞德聊天，友好善谈又是一名孩子父亲的米歇尔很快就博得了贞德的认可，米歇尔又趁机向她介绍了妻子莫尼克。他告诉贞德，莫尼克会在列车的终点站接他，在贞德看来，这一切是合乎常理的。

米歇尔告诉贞德，到时他会让妻子开车送她一程，如果贞德需要工作的话，他们家也刚好想要招一名保姆，如果贞德能去家里帮忙，那就最好不过了。在贞德看来，刚刚升级为父母的米歇尔、莫尼克是不可能随便伤害其他人的孩子的，她的生活经验告诉她，这对夫妻应该会尽量帮助她、照顾她，这也是她同意搭车的原因。

犯罪心理画像专家认为，连环杀手通常都有两个完全相反的生活面，在现实生活中，连环杀手会表现得普普通通，他们有一个再正常不过的普通生活。当然，这种看似普通的生活大都是杀手故意伪装出来，用来掩饰自己身份的工具。在另一面上，连环杀手就会变得十分邪恶，他们会不择手段地迫害被选中的被害人，给被害人带来难以想象的灾难。

贞德坐上了米歇尔的汽车，在汽车行驶期间，米歇尔突然询问贞德是否是一名处女。米歇尔的这个问题把贞德吓了一跳，她有些害怕，但她还是回答了米歇尔的问题，然后就向米歇尔提出了下车的请求。贞德没有交过男朋友的事实让米歇尔十分兴奋，他非常果断地拒绝了贞德的请求，然后就用最快的速度和最大的力量将贞德击晕。

在将贞德带到城堡之后，米歇尔就当着莫尼克和儿子的面强奸了贞德，随后他将贞德活活扼死了。米歇尔把贞德的尸体藏在冰柜内，放了几天之后，他才将贞德的尸体埋到城堡外的一处空地上。法国警方很快就展开了有关贞德失踪一案的调查，但当时，法国境内活跃着许多连环杀手，警方再次将这起失踪案划到了连环杀手路易斯的头上，米歇尔和莫尼克又一次轻松地从警方的视线中逃脱，此时，他们两人已经穿过边界进入比利时境内。

在米歇尔和莫尼克离开以后，法国警方又追查了另一名连环杀手马克・度特斯，他在米歇尔活跃的地方连续杀害了 6 名少女，马克的出现再次增加了警方破案的难度。此后，米歇尔和莫尼克一直在比利时和法国两地活跃，夫妇两人就在这两个国家的边境处搜寻猎物。

犯罪心理画像专家认为，莫尼克和米歇尔应该会在行凶后相互交流行凶时的感受，这种互相交流的行为让他们获得了更深一层的性刺激体验，也正是这种感觉不断地驱使着两人继续作案。

在比利时境内的那幕尔城内，米歇尔夫妇又看上了年仅 12 岁的小女孩伊丽莎白・布丽吉特。在预谋诱拐伊丽莎白之前，这对恶魔夫妻事先设计好了所有细节，莫尼克先设法让只有几个月大的儿子大声哭泣，并以此引来伊丽莎白的关注，随后莫尼克就会主动邀请伊丽莎白来陪伴她号啕大哭的小宝宝，伊丽莎白欣然同意，她坐上了米歇尔夫妇的汽车。

犯罪心理画像专家认为，这次作案是米歇尔夫妇的一个新尝试，他们开始把年幼的孩子作为诱饵，用他来换取其他好心人的同情。很显然，米歇尔的新尝试很有效，伊丽莎白丝毫没有察觉到任何异常，在她眼中，米歇尔夫妇和她的父母并没有什么不同，所以她愿意帮助这对夫妻。

伊丽莎白上车以后，米歇尔夫妇就原形毕露，尽管伊丽莎白只有 12 岁，但米歇尔仍旧坚持让莫尼克确定她到底是不是一名处女，在得到肯定的回复以后，米歇尔马上对伊丽莎白发起了攻击。12 岁的伊丽莎白被米歇尔夫妇带回了城堡，米歇尔在这儿强暴了她。

米歇尔并没有马上杀死伊丽莎白，可能是因为她尚且年幼，也可能是因为她不足以对米歇尔构成威胁，不过最终，伊丽莎白还是被杀害了。伊丽莎白的尸体被埋在了城堡附近的空地内，她的尸体在 15 年后才被警方找到。

比利时警方并没有将伊丽莎白失踪一案与法国出没的夫妻档连环杀手联系在一起，当时的刑侦手段还十分落后，没有互联网，没有即时消息，找不到凶手的作案现场，不清楚凶手的作案手法，从未见过被害人的尸体，也没有可供调查的线索，这让破获凶案成了一件几乎不可能完成的事情。在当时，这种毫无头绪的案子一般都会被归为悬案。

11 个月后，这对夫妻档杀手再次行动，他们盯上了一个跟着妈妈一起逛超市的女孩，她的名字叫娜塔莎・达丽思。在逛超市的时候，娜塔莎的母亲因故离开了一会儿，就在她离开以后，莫尼克趁机来到娜塔莎的面前，她假装自己身体不适，希望娜塔莎能够帮助她。娜塔莎一表现出关心的样子，莫尼克就赶紧将她哄骗到汽车前，这时藏在车内的米歇尔迅速将娜塔莎拖进车内，他用东西堵住娜塔莎的嘴，然后驱车逃离作案现场。

娜塔莎遭到了性侵犯，米歇尔随后又残忍地掐死了她，她的尸体被米歇尔丢在南斯附近的沙滩上。案发 3 天后，娜塔莎的尸体被人们发现。发现被害人的尸体可谓是整个连环杀人案的转折点，警方很可能凭借这条线索将凶手抓获，但侦破此案的警察犯了一个致命的错误。

警方抓错了人，他们将娜塔莎的邻居比尔抓进了监狱，这个并没有犯罪的男子性格暴躁，警方没来由的指控让他无法自控。比尔在监狱中连续杀死两个人，这让警方更加坚信他就是杀死娜塔莎的凶手。娜塔莎被害案就这样被定了案，警方也没有在社会上公布任何有关连环杀手或者诱拐少女罪犯的消息。

1990 年，所有的事情似乎都得到了终结，随着比尔被抓，阿登高地附近再也没有出现过有关失踪人口的报道。这种情况一直持续到 2000 年，这一年，米歇尔告诉莫尼克，他想继续猎杀处女。莫尼克根本没有拒绝或者阻止米歇尔的权利，而这一次米歇尔也没有让莫尼克和他一起行动，他盯上了一名 18 岁的女学生——席琳·塞松。

案发当天，席琳独自一人离校返家，米歇尔在这个时候走了过来，他告诉席琳自己不小心迷了路，希望席琳能跟他走一程，帮他找到来时的路。善于伪装的米歇尔迅速得到了席琳的信任，她上了米歇尔的车。席琳刚一上车，米歇尔就迫不及待地将车门反锁，他告诉惊慌失措的席琳，他要和她发生性关系，如果席琳不同意，他就会把硫酸泼到她的脸上。

席琳不敢反抗，被米歇尔带回了城堡。但更恐怖的事情还在后面。米歇尔先对席琳实施了性侵犯，然后又将席琳拖到了客厅内。在这儿，席琳被米歇尔活活勒死了。杀死席琳以后，米歇尔将她的尸体埋在城堡外面的空地上，随后他就穿过国界回到了位于比利时境内的临时出租屋内。米歇尔当着莫尼克的面将席琳的书包打开，他把书包内的所有东西全部倒出来，然后给莫尼克讲了诱杀席琳的全过程，他还告诉莫尼克，单独捕猎的过程让他感到非常满足。

犯罪心理画像专家认为，像米歇尔这样的连环杀手是不可能主动停止杀戮的，他之所以会停了一段时间不再作案，原因是他在上一起谋杀中粗糙地处理了被害人的尸体，这种不严谨、粗糙的作案方式让他感到恐惧，他害怕警方追查到他，所以才主动停止了杀人行为并藏了起来。现在，他认为安全的时刻已经到来，他要再次现身杀人了。

没过多久，米歇尔又盯上了他杀手生涯中的最后一名被害人——马娜亚·桑彭，马娜亚是一个亚洲女孩，她在色当居住，米歇尔就是在这儿盯上了她。米歇尔将马娜亚诱骗到车厢内，在这里强奸并杀死了她，随后又将她的尸体丢在了色当附近的树林中。回家以后，米歇尔再次向莫尼克吹嘘他是如何诱骗并杀死马娜亚的。现在，米歇尔似乎觉得单独行动带给他的满足感比与莫尼克一起行动时更强一些，于是他决定继续单独行动。

2003 年，米歇尔又在法国和比利时交界处的一个小镇上盯上了一名女孩，这名小女孩只有 13 岁，她的名字叫作玛丽。米歇尔试图用原来的老方法诱骗玛丽上车，但玛丽并不愿意搭乘这个陌生人的车，她大声呵斥米歇尔，希望他离自己远一点。

米歇尔武力挟持了玛丽，他将玛丽的双手捆起来，然后把她丢在货车后面的车厢内，米歇尔准备将车开到一个安全的地方再收拾玛丽，但就在汽车行驶的过程中，玛丽不断拼命用脚踹这辆货车的后门。终于，货车后车厢的车门被她踹开了，玛丽从后车厢内滚了出来。这时，恰好有一辆汽车从这里经过，这辆车的司机看到了从货车车厢内滚出来的玛丽，他将玛丽救了下来。

货车后车门被撞开以后，米歇尔马上就察觉到了异常，他停下车，试图将玛丽重新抓回车厢，但他的诡计没有得逞，后面赶来的那名司机也意识到事情并不像表面上看起来的那样，他勇敢地保护了玛丽，并将米歇尔货车的车牌号记了下来。警方按图索骥，终于将这对夫妻档连环杀手抓进监狱。但此时，警方尚且不清楚这对看似普通的中年夫妇到底犯下了多少恐怖罪行，也不知道这对夫妇就是他们一直苦寻无果的变态连环杀手。

米歇尔的口风很硬，他被警方抓捕以后，始终不肯泄露任何有关连环杀人案的信息，他只承认了有关绑架玛丽的指控。就在警方束手无策的时候，米歇尔的搭档莫尼克却主动向警方坦白了一切。

原来，莫尼克在被羁押期间关注了有关比利时近期被捕的连环杀手马克・杜特斯的信息，马克犯有 6 项谋杀罪，他的妻子因同谋被警方起诉，并被判 30 年监禁。这则消息让莫尼克十分惊恐，她似乎从中看到了自己的下场。于是，莫尼克决定主动向警方坦白，以争取获得宽大处理的机会。

莫尼克向警方招供，她宣称自己只是米歇尔的工具，她不得不听命于米歇尔，否则米歇尔就会杀了她。在犯罪心理画像专家看来，莫尼克在整个连环杀人计划中一直扮演着积极主动的角色，她对未成年儿童似乎也有着不正常的性欲，绝不像她自己宣称的那样无辜。法庭最终也没有相信莫尼克的这种自我辩护式的说法。

犯罪心理画像专家认为，性犯罪连环杀手的作案手段十分丰富，每一名被捕的性犯罪者只会告诉警方一些他们无法隐藏的罪行，这些罪行可能只是他整个犯罪生涯中的冰山一角，所以米歇尔和莫尼克很可能还犯过其他罪行，这其中就可能包括一些严重的性侵行为或者其他潜在的谋杀行为。

米歇尔在被捕后，一直保持着拒绝与警方沟通的态度，在法庭的被告席上，米歇尔一直紧抱双臂，用蔑视的眼神注视着控告方及审理此案的法官，他这样做其实是为了进一步掌控主动权。犯罪心理画像专家认为，除非警方能够掌握并向米歇尔出示有力的证据，否则，米歇尔是不会谈论其他任何与他有关的犯罪案件的。

米歇尔拒绝向警方交代埋藏被害人尸体的地点，他似乎想要通过这种方法来进一步掌控警方，并且他的这种行为可以进一步刺激被害人的家属，他想要让被害人家属变得更加悲伤。

2004 年，法庭最终宣判米歇尔犯有 8 起蓄意谋杀及强奸罪，判处他终身监禁并不得假释；莫尼克被判终身监禁，但她可以在服刑 28 年后得到假释的机会。

【背景知识】

强奸行为

通常情况下，绝大多数对陌生人实施强奸的行为都是由社会层次低的人所为，因为这些人缺乏必要的社交技巧，很难与女性发生正常且合法的性关系，再加上这些人大多有鄙视女性的陋习，所以才会做出强奸陌生女性的事情。

如果一个社会地位高，受过良好的教育，有钱又不丑陋的男人对陌生女性实施了强奸，并且这种行为不止一次，那么世人就可以用“邪恶”这个词语来形容他。之所以如此，是因为一个拥有社会地位的人本应该更加文明，但当他沉浸于性暴力的时候，他带给人们的厌恶感也远远高于其他性犯罪者。

从某种程度上讲，有部分性犯罪连环杀手对性的误解源于他们的童年生活，这部分连环杀手的母亲或者女性长辈的行为（可以是残酷对待孩子的行为或者过于糜烂的性生活）让他们对女性这个群体产生了蔑视或者仇恨的情感。

但是有很多性犯罪者的家庭生活是正常的，这些性犯罪连环杀手在幼年时期也没有被母亲虐待，他们的母亲很正常，他们的家族也没有任何遗传病或者遗传性质的精神病，那影响他们的很可能就是他们内心中无边无际的变态幻想。这些幻想的来源很广，可能是从邻居或者其他不良同伴那里得来的，也可能是从一些不好的人生经历中获得的。

负面的幻想会让这些人觉得自己有处置其他人，尤其是女性的权力。这样一来，这些人就会变成捕猎者，而被他们选中的女性就会变成待宰的猎物。尽管每一名性犯罪者的作案方式是不同的，但致使他们不断作案的动机却十分相似。

第十六章

暗夜杀手

在所有的性犯罪或者因性犯罪而引起的谋杀案中，犯罪心理画像专家都不得不考虑杀人者为何要杀死被害人。从犯罪学的角度来讲，单纯的性犯罪者是不会在侵犯了被害人之后下手杀死对方的，或者说，性犯罪者在实施性袭击的过程中并不一定已经产生了杀死被害人的想法。

1985年3月17日，在美国加利福尼亚州洛杉矶市，一名专门侦办凶杀案件的年轻警探吉尔·卡里罗奉命前往罗斯米德区处理一宗突发命案。处理这种类似的突发性杀人案或者伤人案是吉尔的日常工作，但他并不知道，这宗杀人案是非同寻常的，它即将在洛杉矶市引发一连串的恐怖风暴。

吉尔赶到案发现场，他发现35岁的被害人黛儿·奥柯萨奇仰躺在厨房内的地板上。黛儿头部中枪，鲜血流了一地，厨房的地板上还散落着许多需要整理的食品。警方推测，案发时，黛儿应该正在整理厨房，凶手在这个时候潜入厨房，意外撞到黛儿后，就直接朝着她的头部开了一枪，黛儿当场死亡。

黛儿的室友是一个22岁的女孩——玛利亚·赫尔南德斯，她同样遭到凶手近距离射击，但她幸运地活了下来。玛利亚苏醒后，洛杉矶警方向她询问了案发时的情景，但玛利亚并没有看清楚杀手的样子，她甚至不能回忆起袭击她的人到底是高是矮。

警方经过初步调查，发现案发现场没有被翻动过的痕迹，被害人也没有丢失任何财物，那么，警方就不得不考虑作案者是否是因为感情杀人？或者说他根本就是一个走错房间的抢劫犯？就在警方着手调查黛儿的男朋友以及其他可疑人物的时候，又一起凶杀案发生了。

这起凶案就发生在罗斯米德社区内的蒙特利公园，被害人是一位30岁的法学院学生，她的名字叫赛琳娜·杨。案发时，赛琳娜正准备开车回家。突然，有辆汽车冲向赛琳娜的汽车，它横拦在赛琳娜前进的路上，将她逼停在路边，就在赛琳娜惊魂未定的时候，凶手掏出手枪朝着赛琳娜的胸部近距离连开两枪。

赛琳娜遇害后，警方经过仔细勘察，发现在这起凶杀案中，凶手使用的子弹与黛儿被害一案现场留下的弹壳是同一种，两起凶案的被害人也都是近距离遭到枪击，从作案凶器和作案手法上来看，这两起凶案是有联系的，也就是说，这两起凶案的作案者极有可能是同一个人。这就意味着，与警方进行较量的很可能就是一名连环杀手。

犯罪心理画像专家认为，这起连环杀人案的性质显示，杀手显然不是一个典型的连环杀手。常规意义上的连环杀手在杀害被害人的时候，通常都会近距离杀死被害人，但杀人的手法一般都是扼杀、用绳子勒杀、用利刃刺杀、用钝器锤杀，等等，很少会有连环杀手在近距离杀人的情况下选择使用枪杀。犯罪心理画像专家的推测让警方不得不做更全面的准备，因为这种特殊的连环杀手在作案的时候通常都不会按常理出牌，想要将他抓获是一件非常困难的事情。

就在警方努力调查的时候，又一起凶杀案发生了。3 月 27 日早晨，居住在洛杉矶惠特尔镇郊区，斯庄大道附近的 64 岁居民文森特・特佐拉和他的妻子 44 岁的马克辛・特佐拉的尸体被人们发现。被害人是在家中遇害，全部死于近距离枪击。凶手在这起凶案中使用的子弹与前两起凶案中使用的子弹是同一种。只是，这起凶案的一些作案细节与前两起有些差异。

文森特显然是在睡梦中被凶手直接枪杀的，案发时他正躺在沙发上熟睡，凶手用枪近距离射击了他的头部，文森特当场死亡。马克辛是在卧室内被杀的，将她杀死以后，凶手还用利刃反复刺她的胸腔，最后凶手从她身上取走了一件令人恐惧的纪念品——马克辛的眼球。

犯罪心理画像专家认为，很多连环杀手都有作案后从案发现场或者被害人身上带走纪念品的习惯，杀手选择的可能是被害人身上的一件贴身饰品，也可能是从被害人身上割下来的一块肉，还可能是被害人身上的某部分器官。连环杀手之所以会这样做，更多的是在向警方宣示杀人的“权利”，他们用这样的方法向警方示威，并用这些纪念品来表示这些被害人的“归属”。

4 月 15 日，特佐拉夫妇被害两周后，凶手再次作案。凶案发生在洛杉矶蒙特利公园特兰博文大街附近，60 岁的威廉·多伊夫和他 63 岁的妻子莉莉安·多伊夫在自己的房屋内遇袭。案发前，莉莉安因为身体不适，独自搬到主卧旁边的一间屋子内休养，留下威廉一个人住在卧室。

案发时，凶手潜入威廉·多伊夫一家的房屋后，直接闯进卧室冲着威廉的头开了一枪，威廉当场死亡。杀死威廉后，凶手又来到莉莉安居住的房间，他用手铐将莉莉安铐起来，对她实施恐吓、殴打以及强奸。满足了自己的欲望以后，凶手没有杀死莉莉安，他直接离开了。

犯罪心理画像专家认为，凶手杀死男人的原因是男人可能会阻碍他的欲望满足，而没有杀死女人是因为女人可以供他发泄欲望。可以说在作案之前，凶手就已经想好了他要对女人实施的罪行，而杀死可能阻碍他行动的男性是实施整个罪行的必要条件。

威廉·伊多夫夫妇一案发生 6 周后，在绿叶城蒙罗维亚，一对 80 多岁的老姐妹在她们的家中遇害。凶手用钝器锤杀了这两位老年妇女，他还对其中一名 80 岁的老妇实施了性侵犯。警方在案发现场的墙壁上和被害人的尸体上发现了一些不规则的红色圆圈，圆圈内还画着一个红色的五角星。

频繁发生的凶案在洛杉矶引起了极大的社会反响，人们都被恐惧的气氛所笼罩，他们不清楚下一个被害人是谁，也不清楚凶手到底是一名连环杀手还是一个犯罪团伙。作案者到底是不是有精神疾病？或者说他就是一个彻头彻尾的疯子？在各大媒体的争相报道下，制造这一系列凶案的罪魁祸首被冠以“暗夜杀手”的称号。

犯罪心理画像专家坚持认定制造这一系列连环凶案的罪魁祸首是同一个人，这个人是一个白种人，他可能是美国人，也可能是西班牙人，他很年轻，很强壮，痴迷武力，但他不是疯子，因为他没有在凶案现场做出任何比杀手行为更加疯狂的事情。这个人很可能就隐藏在社区之中，他表面上看起来很普通，他甚至还是一个被其他人所喜欢的人。

1985 年 5 月 30 日，凶手在伯班克再次作案，被害人是一个 41 岁的单身妈妈，她有一名 12 岁大的儿子。案发当天，凶手潜入被害人的房间，他先用手枪控制住两名被害人，又用手铐将小男孩铐起来并把他锁到柜子内，然后对那名单亲妈妈实施了性侵犯。这一次，凶手并没有杀死被害人。

1985 年 6 月 27 日，警方又在阿卡迪亚发现了一具被害人尸体，死者是一名 28 岁的年轻女教师，她在自家的卧室内被杀。警方推测，凶手应该先对这名女教师实施了性侵犯，然后用一把利刃割开了她的喉咙，女教师当场死亡。

7 月 2 日，阿卡迪亚又发生了一起入室杀人案。死者是一名 75 岁的老年妇女，她独居在阿卡迪亚郊区的一栋房子内。警方推测，死者生前曾遭到殴打、性侵，她同样是死于割喉，而且凶手还将她家中的财产洗劫一空。

事情发展到现在，已经完全超出了警方的预料，他们不得不停下手中的搜查工作，来重新思考作案真凶到底是不是同一个人。从常规意义上来讲，连环杀手都是一些沿用相似作案手法，使用相同作案凶器的杀手，但这一系列凶案中，凶手使用了好几种杀人凶器（一共有两种枪支和一种刀具以及一些钝器），凶手作案时间、作案地点以及被害人是否遇害等线索都有着非常大的随意性、不确定性。

7 月 5 日，就在警方苦苦寻找这一系列凶案中的相似之处时，凶手又盯上了洛杉矶马特雷山地区的一个安静的乡村。在这个乡村街道旁的一处住宅中，凶手又袭击了 16 岁的女孩惠特尼・班妮特。案发时，惠特尼的父母隐约听到楼下传来了惠特尼的哭声，他们急忙跑下楼，此时，凶手已经潜逃，惠特尼也倒在了血泊中。

警方认为，凶手应该是从一楼卧室的窗子潜入室内的，惠特尼的房间恰好就在这儿。凶手潜入房间的时候，她正在熟睡，凶手应该是先仔细观察了她，然后才用一根拆轮胎棒击打她的头部，并试图用绳索勒死她。幸运的是，及时下楼的父母惊走了作案真凶，惠特尼得以幸免于难。

7 月 7 日晚上凌晨 3 点的时候，调查员琳达被邻居的呼救声惊醒，她急忙穿衣赶了过去。被害人是苏菲・迪克曼，她今年已经 60 岁了，凶手潜入她的屋子以后，就用手铐将她铐在了卧室的床上，凶手强奸了她，然后将她的财物席卷一空。直到凶手离开很久以后，苏菲才敢发出声音大声呼救，等琳达赶到案发现场的时候，作案者早已逃之夭夭。

就在苏菲遇袭的同一天晚上，61 岁的乔伊斯・尼尔森在家中遇害，他死于钝器锤击。这一晚，杀手连续作案两次。两周后，凶手再次作案，他潜入马克思・尼丁和雷亚・尼丁的房屋，他趁着马克思尚在睡梦中的机会射杀了他。

杀死马克思以后，凶手又反复殴打他的妻子雷亚，他让雷亚跪在地上向着撒旦起誓，祈求撒旦可以饶恕她的性命。在强奸并杀死了雷亚以后，凶手又侵犯了雷亚年仅 8 岁的儿子。显然，凶手并不仅仅满足于杀人和性侵犯，他还要虐待、恐吓被害人，他用向撒旦致敬这一形式来获得更加强烈的性快感。

犯罪心理画像专家认为，凌辱被害人是连环杀手在作案过程中经常使用的手段，这种行为会让他们变得更加兴奋，被害人惨呼着向他求饶的情形可以给杀手们带来更为强烈的刺激感，杀手们会认为他们已经完全掌控了局面，他们可以随意决定被害人的命运。凌辱被害人只是他们取乐的一种方式，没有什么能够比这种偏离正常性冲动的模式更让杀手们感到刺激了，这也是连环杀手经常折磨被害人、侵犯被害人的根本原因。

犯罪心理画像专家还认为，警方并不能用对付常规连环杀手的方法来对付制造这一系列凶案的连环杀手，这个连环杀手显然是一个连环杀手中的异类。常规型的连环杀手在选择被害人的时候，通常都会挑选那些易于下手或者将自己置于危险之中的人（比如，妓女、瘾君子、喜欢离家出走或者喜欢搭顺风车的人），但在近期发生的凶案中，被害人都过着再正常不过的生活，他们没有做出任何给自己招惹横祸的事情，杀手选择这些人下手一定有更深层次的原因。

8 月 17 日，“暗夜杀手”又袭击了一对中年夫妻，他还在案发现场的墙壁上留下了撒旦标记——一个带着圆圈的红色五角星。8 月 24 日，“暗夜杀手”又袭击了住在洛杉矶市南部 50 公里以外一对中年夫妇，他枪杀了丈夫，强奸了妻子并且逼着她向撒旦示爱。

凶手接连不断疯狂又变态地作案，截止到 1985 年 8 月，这名连环杀手已经杀害 13 人，这让洛杉矶警方承受了巨大的压力，所有警员夜以继日地工作着，他们希望能够在“暗夜杀手”再次作案之前找到他，将他绳之以法。经过接连不断的调查，警方认为凶手应该有一辆产于 1976 年的丰田旅行车，警方提示洛杉矶的居民，让大家留意有关这辆车的信息。

犯罪心理画像专家认为，“暗夜杀手”所做的所有凶案都有一个特征，这个特征就是凶案的案发现场全部在被害人的家中，凶手作案时都会设法潜入被害人的家中，然后再实施罪行。警方在案发后的侦查中并没有从案发现场找到任何可供调查的线索，这就意味着凶手是一个入室高手或者是一名惯偷，一般情况下，能够做到这种水准的入室行凶，作案者很可能是一名盗窃高手，专家建议警方从有盗窃前科的罪犯中寻找“暗夜杀手”。

警方马上排查了整个洛杉矶市有过盗窃犯罪前科的所有白人年轻男性，不过整个排查工作的工作量很大，警方又设立了专线，希望能够从民众那里得到更多的线索。很快，一条意外线索加速了警方的破案进程，警方在“暗夜杀手”制造的一起凶杀案中意外地得到了一枚指纹，通过这枚指纹，警方终于找到了此案的嫌疑犯——理查德·拉米雷兹。

警方随即对理查德实施了抓捕，在警方设法抓捕理查德的时候，犯罪心理画像专家紧急调阅了理查德的档案，他们想要知道是什么因素让他成为洛杉矶人闻风丧胆的“暗夜杀手”。

1960 年，在美国德克萨斯州的边陲小镇埃尔帕索，理查德·拉米雷兹出生了。理查德一家人都是墨西哥移民，这个家庭一共有 5 个孩子，他是最小的那个。

理查德的家境并不好，但居住在埃尔帕索的大都是西班牙移民。这里虽然收入不高，但自然环境很好，理查德的童年过得也很快乐，邻居家的孩子都愿意与他一起玩耍，理查德本人也是一个很讨人喜欢的孩子。

犯罪心理画像专家还专门采访了理查德儿时的玩伴，他的这些玩伴对他的评价都很好，人们都说理查德是一个乐观、积极、开朗并且很适合当作朋友的人。理查德的父亲工作努力，他虽然对孩子们比较严格，但并不过分，理查德一家人就像生活在这里的其他普通人一样，安静又祥和。

事情在理查德 10 岁的时候出现了转变，理查德开始变得很不合群。理查德患上了癫痫，他的身体会时不时地颤抖，他开始变得沮丧、颓废起来，所有的小朋友都知道他得了病，就慢慢疏远了他，这给理查德的生活带来了非常沉重的打击。

理查德慢慢长大，他和他父亲之间的关系也变得疏远了起来，他开始崇拜他的堂兄——麦克。理查德的堂兄是一名越战老兵，他有一个很大的黑色皮箱，皮箱内装的都是他在越战中收集到的纪念品，这些纪念品充满了暴力、色情要素。皮箱里面有一些照片，麦克称这些照片上的女人都被他强奸过，箱子内还收藏了一些小孩和女人的头骨。

每当理查德去麦克那里玩耍的时候，麦克都会给他看这些纪念品，并给他讲很多充满暴力、杀戮以及色情的故事。犯罪心理画像专家认为，理查德在倾听这些暴力又恐怖的故事时，并没有产生任何恐惧或者退缩的情绪，他甚至会为这些故事感到惊叹，他为这些故事中的情节痴迷。

理查德在性成熟的年纪接收着这些带强奸、虐待以及杀戮内容的信息，观赏着堂哥珍重收藏的照片，这给他的心理发展带来了异常强烈的负面影响。青春期正是幻想的高发期，青少年在这一时期所幻想的事物会给他的未来带来强烈且深远的影响。在这个时期，很多青少年甚至会认为幻想世界比现实世界还要真实，而理查德的幻想世界中充满了虐待和侵犯，这恰恰就是性和侵略的融合。

理查德自认为，他误入歧途的真正原因是他目睹了堂兄杀死妻子的全部过程。那是一场非常激烈的争吵，麦克拿起枪冲着情绪激动的妻子开了一枪，这一枪打在他妻子的面部，她当场就死了。

理查德被这一幕惊呆了，但他并不觉得这是一件坏事情，这一幕血淋淋的场景不就是堂哥几次三番、反反复复向他描述的画面吗？理查德被眼前血腥残暴的一幕迷住了，他决定做一个和堂哥一样的人。

犯罪心理画像专家认为，理查德连续作案、不断杀人的根源与他堂哥杀妻这一幕并没有直接的因果关系，理查德杀人的根源主要来自于潜藏在他内心深处的幻想，这些幻想随着时间的积累不断增长，一旦被某些事件引爆，产生出性虐或者暴力的倾向，那他就会变得极其危险，因为他的幻想世界中已经在不断上演有关强奸、虐待、虐杀、虐尸的戏码了。

进入高中后不久，理查德开始和一些毒贩子厮混在一起，他完全脱离了幼时温馨和谐的小团体，开始走向犯罪。理查德开始对撒旦教和重摇滚音乐感兴趣，他很快就辍学步入社会，开始了朝不保夕的“新生活”。从那时起，理查德就开始偷一些没有上锁或者他能撬动的房子，他成了一名扒手，人们开始用“小偷瑞奇”“盗贼查德”等称号称呼他。

慢慢地，偷盗已经不能满足理查德的需求，他准备实施更刺激的犯罪行动。理查德试图在埃尔帕索的一家宾馆内强奸一名女客人，他很快被抓到了警察局，随后，理查德离开了得克萨斯州，他准备去加利福尼亚讨生活。

理查德居住在洛杉矶的贫民窟内，他在这儿迷上了烈酒和海洛因，并过上了吸毒、召妓、偷汽车、入室抢劫的生活。理查德经常活跃在洛杉矶郊区，因为这里的住户在晚上睡觉的时候经常不锁门，也没有关窗的习惯。这里似乎是理查德的天堂，他会穿过这些没有锁住的门窗，在这些房屋内偷东西。

犯罪心理画像专家认为，洛杉矶郊区住户不锁门窗的习惯让理查德意识到偷盗、不劳而获是一件非常容易的事情，每一次盗窃成功，都会进一步助长理查德偷盗的欲望，他的胆量也在盗窃生涯中变得越来越大。

通常情况下，盗窃这种行为只是为了获得物质收益，偷盗者需要财物来满足他们生活或者其他方面的需求（比如换取毒品或者嫖妓），一般情况下，偷盗这种行为都是两个或几个人一起进行。但是，有些偷盗行为却是由性这一因素驱动的，盗窃的本身源自于盗窃者想要偷窥的欲望以及由偷窃行为带来的性刺激驱动。

绝大多数的偷窃行为都发生在夜晚，被害人一般都待在家里，偷窃者开始可能只是进行偷盗，但他们的偷窃行为随时都有可能演变成暴力抢劫或强奸，甚至还会发展成先奸后杀的恶行。事实上，这种由盗窃演变而来的杀人、性侵行为在犯罪史上是很常见的事情。自 1985 年 5 月起，理查德已经不能在盗窃中获得满足，他的犯罪行为再次升级，奸杀被害者将成为他今后犯罪的主线。

警方抓捕理查德的过程很顺利，尽管他试图逃跑，也在大街上跑了 3000 多米远，但警方早就在周围布下了天罗地网，在许多热心市民的帮助下，理查德最终被捕。犯罪心理画像专家与理查德会了面，他们似乎从他的眼中看到了代表邪恶的闪光，理查德确实是一个魔鬼，见过他的人都这样说。

理查德在被捕的时候，曾经绝望地哭喊了一段时间，犯罪心理画像专家认为，理查德之所以会大声哭喊，是因为他之前从没有遇到过类似的事情，在他的人生经历中，从来没有这么多人将他围起来，这让他感到害怕，所以他才会绝望地哭出声来。

在后来的审讯中，理查德的表现给警方以及犯罪心理画像专家留下了更加深刻的印象。专家们从他的谈吐中察觉到，理查德似乎读过很多与犯罪、谋杀有关的书籍，他可以轻松讲出很多犯罪学中使用的名词。专家推断，理查德虽然很早就不上学了，但他在此后的日子里一定仔细研究过有关杀人或者其他连环杀手杀人手法方面的知识。

当警察将他关进监狱的时候，理查德竟然认出了这座监狱就是“山腰杀手”安吉 · 洛波诺曾经住过的那一座，当他知道自己要被关进这座监狱的时候，他立马变得兴奋起来。由此可见，理查德的内心早已沉浸在犯罪的深渊里。1989 年，理查德 · 拉米雷兹被判有罪，法庭认为警方起诉的 13

起谋杀罪、30起谋杀未遂罪、强奸罪、性侵犯罪全部成立，理查德·拉米雷兹被判死刑。

【背景知识】

强奸与杀人之间的关系

在所有的性犯罪或者因性犯罪而引起的谋杀案中，犯罪心理画像专家都不得不考虑杀人者为何要杀死被害人。从犯罪学的角度来讲，单纯的性犯罪者是不会在侵犯了被害人之后下手杀死对方的，或者说，性犯罪者在实施性袭击的过程中并不一定已经产生了杀死被害人的想法。

犯罪心理画像专家在统计大量罪案研究成果的基础上提出设想，如果性犯罪者在实施性犯罪的时候，被害人奋力反抗，通过各种方式阻挠犯罪者的行动，而作案者恰好又是一个暴躁易怒或易于失去自我控制能力的人，那么他杀死被害人的行为就不是出于蓄意，也就不能在法庭上指控作案者犯有蓄意谋杀罪。

在判断犯罪者是否对被害人实施了强奸罪行的时候，必须确定整个犯罪过程中是否发生过性器官插入或者相接触的情况，如果没有，就只能将其犯罪行为定性成企图强奸。性虐待者的性虐行为主要是为了通过虐待行为本身来对被害人施加精神或者肉体上的操控，他们从被害人承受痛苦时表现出来的身体或面部反应来获得心理上的满足。施暴者施加暴力的根本目的就是迫使被害者为自己的生命祈求饶恕，这也是施暴者获得快乐的动力源泉。

第十七章

十字弓食人魔

最成功的连环杀手大都是机会主义者，他们都是非常狡猾、善于挑选猎物的人，这些连环杀手每次作案前都会制订非常周密的计划，他们所选择的被害人也多是易于得手或者与作案者有着巨大实力差距的人（比如对孩子、残疾人下手）。这些连环杀手会选择很偏僻的地点作案，以此来保证整个作案过程的隐蔽性。

2009年6月的一个晚上，英格兰布拉德福德，苏珊·拉什沃斯独自一人在空旷的街道上行走着，她头上不时渗出一些细密的冷汗，双手和双脚也微微颤抖着，她不停地四处张望，似乎是在渴望某人靠近她，又很害怕被某人接近。她的内心非常矛盾，她的毒瘾又犯了，她急需一笔现金来购买毒品，为了能够赚这笔钱，她愿意做任何事，即便这样做会让她重蹈覆辙，让她再次跌入深渊，她也毫无悔意。

苏珊的眼前突然暗了一暗，她抬起头，看到了一张熟悉的脸。这个人叫史蒂芬·格里菲斯，苏珊知道史蒂芬是一个有钱的嫖客，他几乎照顾过这片区域内所有妓女的生意，有时候，他还会向从事卖淫行业的女人提供毒品。一般情况下，跟史蒂芬回家的女人要么是给他提供性服务的卖淫女，要么就是需要在他家吸毒的瘾君子。苏珊或许是不想跟他回家的，但她现在别无选择。

犯罪心理画像专家认为，苏珊可能两者兼有，她不仅是一名妓女，与史蒂芬发生过性关系，而且还经常在他这儿吸毒。史蒂芬显然是有着暴力倾向的，他会逼迫女性看有关虐待女性的视频，还会给她们读一些带有强奸、虐待、残害妇女情节的书刊。苏珊根本不清楚史蒂芬现在的精神状况是很不稳定的，如果她知道自己的结局，相信她一定不会接受他的邀请。

犯罪心理画像专家认为，史蒂芬·格里菲斯其实就是一个犯罪心理专家，而且他还正在攻读博士学位，他的主要研究方向是连环杀手的行为举止。《布拉德福德这座城市中的杀人犯》就是史蒂芬的博士论文题目，而布拉德福德这座城市就是他生活的城市。这篇论文的内容是杀手该如何训练自己并使用工具杀人，很显然这些内容已经超纲了。

所有去过史蒂芬家的女人都认为史蒂芬是一个有着极强控制欲的男人，一旦他付了钱或者给了毒品，那他就会宣称自己有权利按照他想要的方式摆布这些可怜的女人们。史蒂芬·格里菲斯之所以能够在连环杀手榜上享有盛誉，并不是因为他曾经连续杀害过 3 名受害者，而是因为他的杀人动机，他是为了出名而杀人。

犯罪心理画像专家认为，早在史蒂芬犯下第一起杀人罪行的时候，他就已经规划好了接下来要实施的其他罪行，他就是想成就自己的名声，即便是骂名。他想要不停地杀人，毫无疑问，如果他不被警方抓住的话，他就会不停作案，直到他的名声可以传遍整个世界。

2009 年 6 月，史蒂芬选中了苏珊，因吸毒而变得十分脆弱的苏珊显然是一个容易得手的目标。2009 年父亲节前夕，苏珊独自在大街上来回走动，很显然她的毒瘾犯了，这让史蒂芬异常兴奋。

苏珊是被一位朋友带进毒品大门的，她的婚姻生活很不幸，在遇到毒品的诱惑后，她又品尝了一次濒临破产的滋味。苏珊曾经尝试着在这个工业城市的戒毒所内戒毒，但由于她的毒瘾很重，所以她需要很长的时间才能将毒瘾戒掉。

在戒毒的这段时间内，苏珊经常回家接受家人们的鼓励。父亲节前夕，苏珊告诉母亲，她想要去药店买一点美沙酮，一个小时后就会回家，但她一去不返。苏珊的家人原本以为她又重操旧业了，但苏珊在父亲节过后的第二天依然没有回家，这让家人们担忧起来，他们以最快的速度向警方报了案。

警方虽然很想调查这起案子，但性工作者总是会不停地更换住处，所以他们很难掌控苏珊的行踪。时间慢慢流逝，苏珊依然没有丝毫音信，看来她应该是失踪了。为了能够找到苏珊，她的家人们还召开了一个记者招待会，但他们并没有得到任何与苏珊有关的消息，警方的调查也没有丝毫进展。

到目前为止，警方尚且不能得出苏珊是否遇害的结论，也没有任何线索将史蒂芬与苏珊联系到一起，所以警方也怀疑不到史蒂芬。史蒂芬的家就在布拉德福德红灯区的中心地带，苏珊经常在这片区域招揽顾客，她很可能就是在这儿被史蒂芬带回家的，因为史蒂芬是一名常客，所以她并没有对史蒂芬的动机产生怀疑。

犯罪心理画像专家认为，史蒂芬真正热爱的不是《犯罪心理学》这门学科，他研究这门学科的目的也不是为了抓住作案凶手，他热爱的是连环杀手本身，货真价实的连环杀手。他被这些连环杀手的恶名所吸引，这些杀手都会有一个外号，他们会引起媒体以及社会大众的关注，会被媒体吹嘘到一个非常高的高度，而这正是他想要却得不到的，他被杀手光鲜的表面吸引住了，即便这些人带给社会的只有恐惧和恐慌，他也毫不在意。

在连环杀手的世界里，他们似乎可以控制整个世界，这也正是史蒂芬所追求的目标。犯罪心理画像专家发现，史蒂芬在 17 岁的时候曾经使用一把尖刀刺伤了一位商店老板，他也因此被判了 3 年监禁。当时有一名精神病专家认为史蒂芬患有比较严重的精神疾病，而且他还是那种不肯接受精神康复治疗的患者。

史蒂芬出狱后不久，就再次用尖刀挟持了一个女孩，他很快又被送进了监狱。由于这名女孩没有遭到任何伤害，所以他只被关了两年。出狱后，时间已经是 2005 年了，史蒂芬改头换面，他设法进入布拉德福德大学学习，并获得了该大学颁发的博士学位。

犯罪心理画像专家认为，史蒂芬和其他连环杀手很相似，他看起来和正常人完全一样，就算他一直在研究连环杀手，但他似乎不是一个出格的人，人们都觉得他很普通，即使他拥有了博士学位，这种态度也没有改变。学校里的师生并不了解史蒂芬的过去，他们也不知道史蒂芬患有严重的心理疾病。

校园生活让史蒂芬拥有了大把空闲时间，他经常在酒吧和舞厅中厮混，经常像男明星那样摆出各种各样的姿势拍摄一些风格特异的照片，他从不避讳自己不喜欢“人”这个事实，所以也几乎没有任何人愿意与他做朋友。上学期间，史蒂芬按惯例去医院开治疗精神疾病的处方药，但没有人知道他是否吃了这些药丸。犯罪心理画像专家认为他没有吃，因为只有这样才能解释他之后的行为。

犯罪心理画像专家访问了史蒂芬在大学校园中的唯一朋友迪莉娅·巴特利特·佩里。迪莉娅明确表示史蒂芬是一个很难相处的人，他有时十分严肃，有时又暴躁易怒，有时又十分龌龊猥琐。犯罪心理画像专家认为，这种不断切换的情绪状态就是他精神即将崩溃的前兆，一旦他离开大学校园，长时间独自一人待在一间房屋内，他的精神状态马上就会发生质的改变。

从 2008 年起，史蒂芬就开始在自己的房屋内打磨武器，他收藏了很多冷兵器，有长刀、短刀、剔骨尖刀。他每天都会仔细打磨这些武器，并开始磨炼使用这些武器的技能。史蒂芬还有一个偶像，他就是“大名鼎鼎”的“约克郡屠夫”皮特·萨特克里夫。史蒂芬收藏了很多描写这个连环杀手的书籍，他将这个连环杀手当作学习对象，从他的身上学习杀死被害人的方法。

这个时候，史蒂芬的精神状态已经到了崩溃的边缘了，他的脑海中经常会莫名其妙地闪现出一些残忍又血腥的画面，耳朵里也常常出现幻听。这就像是有一个恶魔住在他的脑海中一样，这个恶魔不断诱惑史蒂芬，即使他将棉花塞在耳孔中，不停地捶打自己的头部，也不能抵挡来自“恶魔”的诱惑。显然，史蒂芬的精神病已经产生了质的变化。

2009 年 6 月 29 日，史蒂芬将苏珊带回自己家，苏珊知道史蒂芬有毒品，她希望能够通过与史蒂芬发生关系来换取他手中的毒品。但就从她走进史蒂芬家门的那一刻开始，她的命运已经不再掌握在自己手里。

史蒂芬家里很乱，门对面的墙壁上贴满了与“约克郡屠夫”有关的大字报，地板上和书桌上散乱地丢了一些有关连环杀手的书籍，书桌旁边的一张案子上还放着许多开了刃的斧头、刀剑。在此之前，史蒂芬只是通过书籍了解连环杀手，现在一个成为连环杀手的机会摆在他的面前，他马上就决定成为一名真正的连环杀手。

史蒂芬用一把锤子杀死了苏珊，他拼命地捶打苏珊，直到苏珊彻底死亡。他将苏珊的尸体切成碎块，然后将这些碎块装进黑色的垃圾袋中，他将这些垃圾袋暂时储存在家中，一直等到尸体快要腐烂变质的时候才将垃圾袋背出公寓处理掉。

犯罪心理画像专家了解到，史蒂芬在杀害苏珊之前，与他最要好、也是唯一的朋友迪莉娅闹翻了。迪莉娅告诉警方，史蒂芬曾莫名其妙地对她发了火，而她也当场还击了史蒂芬，她告诉史蒂芬，他就是一个被人宠坏了的小男孩，她再也不想和他做朋友了。此后，迪莉娅慢慢疏远了史蒂芬，史蒂芬曾给她打了几个威胁电话，并且还给她寄了几封下流邮件，迪莉娅与他针锋相对，一一还击了史蒂芬。

犯罪心理画像专家认为，史蒂芬当时还没有做好成为一名连环杀手的准备，当他和迪莉娅闹翻的时候，应该是产生过杀死她的想法，但在尝试了几次以后，发现迪莉娅并不是一个很好下手的对象，他不得不放弃了这次谋杀，转而找到了更易下手，更加脆弱，也没有自我保护能力的苏珊。

史蒂芬有一种想要加入杀手队伍的强烈欲望，他向他的偶像“约克郡屠夫”学习，学习他的杀人方法，学习他挑选被害人的方法，学习他处理尸体的方法。史蒂芬还在互联网上建立了一个网站，他在这个网站上充当了一个非常盛气凌人的角色，他咄咄逼人地与其他人交流，发泄体内过剩的欲望。但这并不能使他的精神状态得以好转，杀人这件事一直是他想做且必须做的事情，更何况在他的脑海中，还有一个不停催促他做不理性事情的声音，他很快就要再次行动了。

谢莉·阿米蒂奇原本是一个活泼可爱的乖巧女孩，她出生在一个中产阶级家庭，有一个妹妹，一家人的关系融洽，生活和谐幸福，她也愿意为这个家奉献一切。但事情在她 16 岁的时候出现了转变，当时她刚刚离开学校步入社会，一个贩毒团伙盯上了她，诱骗她参与到吸毒的活动中。

当时毒品刚刚流入这个新兴城市，当地人对毒品的危害并不十分了解，在有过 3 次吸毒经历后，谢莉彻底染上了毒瘾，毒瘾也彻底改变了她的人生，她开始偷窃，用偷来的钱购买毒品，等到她开始吸食海洛因的时候，她又不得不开始卖淫，因为只有这样才能筹到购买毒品的资金。谢莉一步步走向堕落的深渊，而她面前的恐怖故事也才刚刚开始。

2010 年 4 月下旬，谢莉再次拒绝了家人的帮助，她依然选择通过自己的身体来换取毒资。4 月 26 日，谢莉的妹妹再次给她打了电话，但她依旧我行我素。当天傍晚，谢莉就去了红灯区，她站在路边四处张望，寻找潜在的顾客。天色越来越暗，到现在依然没有顾客上门，谢莉开始暗暗着急起来，她并不知道，有一名连环杀手正在偷偷打量这里，他选中了谢莉。

史蒂芬是从公寓临街的窗口观察谢莉的，谢莉的举动让他动了心思，他急匆匆地走下楼，沿着街道走向谢莉，他并没有注意到，街道旁安置的摄像头清楚地拍下了他的一举一动。史蒂芬顺利地将谢莉带回公寓，等到谢莉进入公寓后，史蒂芬在短短的几分钟内就将她杀死了。

在谢莉失踪的当天晚上，她的男朋友就向警方报案了，警方随即赶到谢莉家做了初步调查，谢莉的家人们都以为她可能去别的男人家过夜了。但事情的发展远远超出了谢莉家人们的预料，她成了史蒂芬·格里菲斯手下的第二名受害者。直到谢莉失踪一周后，谢莉的家人们才意识到事情的严重性，谢莉的妹妹每天都会在红灯区附近询问其他从事性工作的女性，向她们打听与谢莉有关的事情，可是没有人知道谢莉到底去了哪儿。

史蒂芬被捕后坚决拒绝向警方透露任何与谢莉有关的信息，没有人知道他是如何杀死谢莉的，他可能是用弩，也可能是用刀，甚至是用钝器或者绳索，但不论怎样，史蒂芬都只会使用冷兵器，他正在向他的偶像学习，他试图开创属于他的罪恶名声。警方在调查史蒂芬的时候，又发现了另一个丑恶的事实。史蒂芬杀死被害人并将其肢解以后，会留下一部分被害人的尸体，然后将另一部分丢到城市附近的艾尔河里。

犯罪心理画像专家认为，如果史蒂芬不是一个食尸恶魔的话，那么他留下死者部分尸体的行为其实是为了将该部分残肢作为战利品收藏起来。至此，史蒂芬已经杀害了两人，但他的行为并不会就此终结，为了能够将自己构建的人设实现，他一定还会再作一次案，而且还是使用同样的作案手法。在他看来只有这样，才能成就他连环杀手的名声，他才可能被称为连环杀手。

苏珊妮·布拉迈尔斯出生在布拉德福德市的一个普通家庭，她接受教育，想要成为一名护士，但她在读大学的时候染上了毒瘾，并因此被大学除名。此后，苏珊妮就成了一名性工作者，她通过自己身体赚取供她吸毒的资金。作为一名性工作者，苏珊妮经常会在红灯区附近出没，有一次，史蒂芬偶然看到她正与另一名性工作者交谈，他就将苏珊妮定为他将要杀害的第三名受害者。

史蒂芬用同样的方法将苏珊妮带到他的公寓内，即便苏珊妮知道跟随一名陌生男人回家是一件很危险的事情，但她还是决定冒这个风险，因为史蒂芬许诺事成之后会给她一些毒品，这是她无法拒绝的条件。苏珊妮一进入史蒂芬的房间，就看到了挂在墙面上的武士刀和摆在桌子上的大量刀具，她有些不安，但还是跟着史蒂芬走进房间。

犯罪心理画像专家认为，苏珊妮之前一定在这个房间里待过，并且与史蒂芬发生过关系，从史蒂芬手中获取过毒品或金钱。虽然有时候史蒂芬也会做一些奇怪的举动，逼迫她看一些扭曲丑恶的东西，但这些事情给她造成的伤害很有限，也都处在她的承受范围之内。只不过那个时候，史蒂芬还没有变态到现在这种地步。

史蒂芬经常采取一些疯狂又变态的行为来侮辱给他服务的妓女，他喜欢羞辱这些女性，对待她们的态度也很恶劣，有些时候还会使用一些暴力手段。他的这些不近人情、近乎灭绝人性的行为，其实只是为了探索出一条可以和这些人联系到一起的途径，成为这些人的实际掌控者，一个可以从她们的痛苦中获得快感的人。有的时候，史蒂芬还会用他的控制力给她们自由，但现在他会直接杀死她们。

房屋安全管理处的人员清楚地知道史蒂芬的不良记录，于是他们就在史蒂芬的住处外安装了一些摄像头，以便于监控这个屡次进出监狱的不良青年。这些摄像头忠实地记录了史蒂芬对苏珊妮所实施的一切暴行，这些恶行和犯罪心理画像专家预测的结果一般无二。

史蒂芬本身就是一个瘾君子，他经常服用兴奋剂、镇静剂、摇头丸、脱氧麻黄碱以及氟胺酮，他十分依赖这些毒品，而这些毒品也让他对暴力的画面日渐沉迷。事实上，史蒂芬所建立的网站也只发表有关弓弩和杀戮的信息，这些图文并茂的暴力内容就是他被毒品诱发出来的负面幻想，也正是充斥在他身边、脑海中的信息。

对史蒂芬而言，他所描绘出来的这些暴力画面，其实相当于一次又一次的实战演练，这些幻想出来的暴力情景会给他带来一定的舒适感。也正是在这样的暴力画面中，他才慢慢建立起了自己的身份形象，并一步步将其注入现实社会中。

等到苏珊妮进屋以后，史蒂芬原形毕露，他残忍又暴虐的目光惊到了苏珊妮，苏珊妮见势不妙，就趁着史蒂芬翻找武器的机会仓皇逃出了他的房间。等到苏珊妮冲到门外两人宽的过道内后，史蒂芬也冷酷地追了上来，他的手里端了一把弩机，他先在过道的尽头站了一下，然后朝着正在逃跑的苏珊妮扣动了扳机，苏珊妮的头被射穿了，她当场死亡。

史蒂芬并不在意过道的另一头还有一架摄像机，杀死苏珊妮后，他还朝着摄像机比了一个胜利的手势，然后就大摇大摆地走出了摄像机的拍摄范围。犯罪心理画像专家认为，史蒂芬应该是故意做出这种动作的，他的这种行为应该是蓄谋已久的，他当时想的是他的犯罪行为被曝光后，人们将会怎样看待他，他又将拥有怎样的社会评价，这些评价会和他想象中的一样吗？

第二天，保安在查看监控录像的时候，发现了史蒂芬杀害苏珊妮的那一幕，他马上报了警，史蒂芬很快就被警方抓捕了。在随后的审问中，史蒂芬虽然没有表露出任何想要隐瞒事情真相的意图，他也向警方承认了 3 起谋杀罪行，但他还是只讲了一些可能被警方查出来的细节，其他内幕只字未提，这其中就包括他是如何杀死 3 名被害人并分解她们尸体的细节。

史蒂芬在被捕前还在公寓内放了一把火，他告诉警方，他这样做是为了消除 DNA 证据，当警方询问他为什么知道这样可以销毁证据的时候，史蒂芬就开启了滔滔不绝的讲解模式，有犯罪心理画像专家戏称："史蒂芬看起来就像是一个犯罪心理专家，只不过犯罪心理专家在分析罪案的时候并不会低下自己正义的头颅。"

史蒂芬拒绝向警方交代有关弃尸的任何细节，他只告诉警方，弃尸地点是一个只会被电脑或者机器人选择的地方，那是一个理性的、冷漠的、精神失常的人才会选择的地方。在回答为何要杀死被害人这个问题时，史蒂芬表示他自己也不清楚，或者说他只是想要杀死自己或者自己身体内的一部分。

犯罪心理画像专家认为，史蒂芬之所以会承认所有的杀人罪行，是因为他想要成就自己是一名连环杀手的恶名，但当他得到这个恶名以后，他就变得不愿意与警方交流了，他想要通过这些警方不知道的案情细节来重新获得掌控他人的快感。史蒂芬对自己的专业很有信心，他觉得自己就是一个解读警方办案程序的专家型人物。

针对一起连环凶杀案，从常规意义上来讲，人们往往只会记住那个制造这一系列恐怖事件的人，几乎没有人会去记被害人有哪些。如果一名连环杀手被捕，他又向警方陈述了他所犯下的全部罪行，那他就会在世人的心目中留下深刻的印象，尽管这些印象是丑恶又负面的，但这也正是史蒂芬想要达到的目标。

调查人员发现，史蒂芬还涉嫌食用被害人的尸体，他被捕时放火的根本原因并不是为了销毁 DNA 证据，而是要销毁那些正在被他烹炸的被害人尸体。史蒂芬很享受被警方追问时的那种感觉，他还制订了他杀人生涯中的最后一个计划，这个计划也是他整个杀人行动中最重要的一个计划，他会给自己起一个外号，而这个称号必定会让所有人都知晓。

史蒂芬选择在法庭公审的时候公布他的杀手称号，这确实是一个非常好的机会。法庭公开审讯的时候，当法官询问他的姓名时，史蒂芬站起身来迫不及待地大声说道："我的名字叫作'十字弓食人魔'。"

史蒂芬·格里菲斯在接下来的审讯中大肆宣扬他杀害被害人的细节，这些细节恐怖得让人难以置信。在对史蒂芬进行宣判的最后一个环节，司法系统还必须确认他在作案的时候是否是保持清醒的。虽然早就有精神病专家认为史蒂芬患有精神疾病，但法庭认为史蒂芬在作案及作案前都拥有着非常清醒的意识，他是在有意识的情况下决定反复杀人的，他就是在神智足够清醒的情况下冷酷地追求自己的野心。

史蒂芬·格里菲斯确实实现了他的野心，并追随着他的偶像"约克郡屠夫"的脚步走进了犯罪的深渊，但他也要为自己所犯下的罪行赎罪，正义是不可能饶恕他的。法庭认为史蒂芬·格里菲斯有罪，应判处他服 3 个终身监禁，并且他永远也不可能得到假释的资格。

【背景知识】

连环杀手的心理画像

犯罪心理画像专家认为，几乎所有的连环杀手都是不正常的，但他们绝不是疯子。这种区分是非常重要和必要的。一般而言，具有临床精神疾病的犯罪者往往不会顾及自身的安全问题，他们肆无忌惮地坚持实施犯罪，就像本文中的史蒂芬一样。

令人感到不安的事实是，犯罪心理画像专家一直认为连环杀手的真实面貌更接近生活在我们身边的邻居、同事、朋友甚至搭档。有些犯罪心理画像专家甚至认为，大部分连环杀手几乎都是和他们的寡妇母亲生活在一起，而具有反社会倾向的犯罪分子则可能是独居，所以他们很难和社会建立正常的关系。

也有部分连环杀手是与被犯罪心理专家称为“保姆型”的女性同住，这种女性经常被他人的依赖性或被掩饰的软弱性所吸引。几乎所有的、不同类型的罪犯都喜欢控制被害人，但连环杀手和性犯罪者除了拥有强大的控制欲望以外，还试图从被害人身上得到他们需要的其他感觉（比如，性、虐待和想要听到被害人的祈求声，等等）。

事实上，大部分连环杀手的时间都花在了反侦查这件事上，他们设法制造假证，或者将所有的作案线索消除掉，以求作案成功且不被警方找到。随着一个又一个凶案发生，连环杀手杀人的冲动以及过度膨胀的自信会一步步削弱他原本保持着的谨慎心理，他很快就会在作案的时候留下重要罪证，然后被警方抓捕。

最成功的连环杀手大都是机会主义者，他们都是非常狡猾、善于挑选猎物的人，这些连环杀手每次作案前都会制订非常周密的计划，他们所选择的被害人也多是易于得手或者与作案者有着巨大实力差距的人（比如对孩子、残疾人下手）。这些连环杀手会选择很偏僻的地点作案，以此来保证整个作案过程的隐蔽性。

大多数连环杀手都是男性，很少有女性连环杀手。很多连环杀手都有返回案发现场故地重游的行为，他们甚至会伪装成路人在凶案现场附近围观，或者直接伪装成目击证人，借用“知情者”或“好心人”的身份接近警方，企图参与到整个案子的调查中去。